Yvonne Röhl

Qualitätsmanagement in Kindertagesstätten

Diplomarbeit
an der Fachhochschule Neubrandenburg
Fachbereich Sozialwesen
November 2002 Abgabe

Diplom.de

Diplomica GmbH
Hermannstal 119k
22119 Hamburg

Fon: 040 / 655 99 20
Fax: 040 / 655 99 222

agentur@diplom.de
www.diplom.de

ID 6428

ID 6428
Röhl, Yvonne: Qualitätsmanagement in Kindertagesstätten
Hamburg: Diplomica GmbH, 2003
Zugl.: Neubrandenburg, Fachhochschule, Diplomarbeit, 2002

Diplomica GmbH
http://www.diplom.de, Hamburg 2003
Printed in Germany

Inhaltsverzeichnis

Abkürzungen

Abs.	Absatz
AZ	Aktenzeichen
BAGLJÄ	Bundesarbeitsgemeinschaft der Landesjugendämter
BIP	Bruttoinlandsprodukt
BMFSFJ	Bundesministerium für Familie, Senioren, Frauen und Jugend
d. h.	das heißt
DDR	Deutsche demokratische Republik
DIN	Deutsche Industrienorm
DM	Deutsche Mark
Dr.	Doktor
EFQM	European Foundation for Quality Management
EN	Europäische Norm
Etc.	et cetera (und so weiter)
EU	Europäische Union
ff.	fortfolgende
GEW	Gewerkschaft für Erziehung und Wissenschaft
GG	Grundgesetz
IFP	Institut für Frühpädagogik
Info	Informationen
IQUE	Integrierte Qualitäts- und Personalentwicklung
ISO	International Organization for standardization
KES	Kindergarten-Einschätz-Skala
KGSt	Kommunale Geschäftsstelle
Kitas	Kindertagesstätten, Kindergärten
KJHG	Kinder- und Jugendhilfegesetz
LES-K	Leuvener Engagiertheitsskala für Kinder
max.	maximal
Mrd.	Milliarde
NDV	Nachrichtendienst des Deutschen Vereins für öffentliche und private Fürsorge
OECD	Organisation für wirtschaftliche Zusammenarbeit und Entwicklung
Prof.	Professor
QMS	Qualitätsmanagementsystem
S.	Seite
SGB	Sozialgesetzbuch
SPI	Sozialpädagogische Institut
TQM	Total Quality Management
u. a.	unter anderem / und andere
u. s. w.	und so weiter
VBE	Verein für Bildung und Erziehung
Vgl.	vergleiche
z. B.	zum Beispiel
z. T.	zum Teil
Zit.	zitiert

Abbildungen

Tabellen

Definitionen

Qualitätsmanagement

„Qualitätsmanagement von Tageseinrichtungen für Kinder ist die systematische und kontinuierliche Planung, Lenkung, Sicherung und Verbesserung des Leistungsangebotes, sowie die erforderlichen Prozesse und Strukturen konsequent am Nutzen für Kinder und Eltern sowie einer bestmöglichen Kosten-Nutzen-Relation auszurichten“[1]

Qualitätsmanagementsystem

Ein Qualitätsmanagementsystem ist ein im Unternehmen *(auch Kindertageseinrichtungen)* eingeführtes Verfahren, über das sichergestellt wird, dass die Qualität des Endproduktes *(Betreuung, Erziehung, Bildung)* den von den Kunden *(Eltern, Kindern, Träger u. s. w.)* geforderten Qualitätsansprüchen entspricht. Qualitätsmanagementsysteme dienen auch der kontinuierlichen Verbesserung der Verfahren und Abläufe in Unternehmen und können so zu Kostensenkungen, was gerade in sozialen Einrichtungen auf Grund der leeren öffentlichen Kassen zwingend erforderlich ist, beitragen.[2]

---

[1] zit.: Kommunaler Geschäftsstellen (KGST)- Bericht 02/2001,AZ:103232/510110, Zusammenfassung,

[2] vgl.: Bobzien, M. (Hg.)/ W. Stark/ F. Straus, 1996, S. 24

1. Einleitung

Die nachfolgende Arbeit setzt sich mit dem aktuellen Stand der Qualität deutscher Kindertagesbetreuung auseinander. Es sollen Grundlagen vermittelt werden, die das Verständnis für Qualität in Kindertageseinrichtungen fördern. Die gegenwärtige Situation wird betrachtet aus europäischer Sicht und auch die bildungspolitischen Probleme werden geschildert. Ein Überblick über derzeit diskutierte Qualitätskonzepte ergänzt die gesamte Arbeit.

Seit dem Jahr 1996 hat in unserem Land jedes Kind ab dem 3. Lebensjahr einen Rechtsanspruch auf einen Kindergartenplatz, was zwar zu einem erheblichen Ausbau des Platzangebotes führte, aber auch zu einer Verschlechterung der Qualität in den Einrichtungen. Die Novellierung des Gesetzes für Tageseinrichtungen für Kinder veränderte die Anforderungen an die Fachkräfte und die Rahmenbedingungen entscheidend. Neue Herausforderungen stehen den Mitarbeiterinnen auf dem Weg zum Dienstleistungsunternehmen, wo es um Kundenbedürfnisse, Profilierung der Einrichtung und um Verbesserung der Qualität geht. Trotz des hohen Kostendruckes sind die Erzieherinnen aufgerufen für die Rechte der Kinder einzutreten und sie zu wahren.
Mit dem Rechtsanspruch auf einen Kindergartenplatz wird für eine ganze „Kindergeneration" Betreuung, Bildung und Erziehung in einer öffentlichen Institution gewährt. In Deutschland kann man davon ausgehen, dass jedes Kind im Laufe seiner Kindheit eine Tageseinrichtung für Kinder besucht. In den letzten Jahren hat sich der zeitliche Umfang der täglichen Betreuung erhöht, ebenso wie die Dauer einer institutionalisierten Kindheit.[3] Das ist ein deutlicher Hinweis für den Bedeutungszuwachs und Funktionswandel der öffentlichen Erziehung. Kindertagesbetreuung heutzutage ist keine Notlösung für benachteiligte Kinder mehr, sondern ein Teil der durchschnittlichen Biographie.[4] Dem 10. Kinder- und Jugendbericht kann man entnehmen, dass in keinem anderen Dienstleistungsbereich derart große Qualitätsunterschiede wahrgenommen werden, wie im Bereich der Kindertageseinrichtungen. Solche Qualitätsunterschiede liegen zum Beispiel in der pädagogischen Arbeit aufgrund der Vielfalt der praktizierten Konzepte, in der Quali-

---

[3] Rauschenbach, Th. (2000), S. 18 f.
[4] Colberg-Schrader, H., Honig, S. (1988), S. 142

fizierung der Fachkräfte und der Unterstützung durch Fachberatung und Fortbildung. Genauso kann man von Kommune zu Kommune Unterschiede hinsichtlich des quantitativen Platzangebotes feststellen, z. B. Ganztagsplätze mit Mittagessen oder Krippenplätze sowie Hortplätze.[5]

Auf Grund der veränderten Rahmenbedingungen, wie gesellschaftliche und gesetzliche Veränderungen, wie auch der Kosten- und Konkurrenzdruck etablieren sich in den Kindertageseinrichtungen immer öfter Qualitätsmanagementsysteme. Die Bildungsdiskussion in Verbindung mit der Qualitätsdiskussion macht darauf aufmerksam, dass der Kindergarten bedeutungsvoll für die zukünftige Gestaltung unserer Gesellschaft geworden ist. Eine Überprüfung der Institution Kindergarten ist also von großer Wichtigkeit, denn Fehlentwicklungen könnten fatale Folgen für die Kinder, Eltern, die Gesellschaft und die Profession der Erzieherinnen haben.

Durch den Kostendruck, sowie der seit 1996 stets angestiegen hohen Anzahl von Kindertageseinrichtungen und durch rückläufige Kinderzahlen bekommen die Einrichtungen einen immer größeren Konkurrenzdruck. Der Wettbewerb um die Nutzer von Kindertageseinrichtungen hat bereits begonnen, und keine Einrichtung sollte warten, bis die Auseinandersetzung mit Qualität angeordnet wird. Gottfried Koppold vermerkt, dass die Qualitätsdiskussion bisher nur ein von außen auferlegtes Anliegen zu sein scheint. In der Praxis kann man davon ausgehen, dass die Qualitätsdiskussion die breite Ebene der Kitalandschaft noch nicht erfasst hat.[6]

Die Diskussion um Qualität findet derzeit auf verschiedenen Ebenen statt, worauf ich in der folgenden Arbeit noch näher eingehen werde. Eine wichtige und noch unzureichend geklärte Ebene ist die politische Ebene, welche in meiner Arbeit verstärkt Beachtung findet. Wie Gottfried Koppold bemerkt, genügt es nicht, wenn nur von der Leitung und vom Personal einer Einrichtung Kompetenz verlangt wird und Qualitätsstandards erfüllt werden. Es sind rechtliche Rahmenbedingungen erforderlich, um Mindeststandards einzuhalten und der Beliebigkeit entgegenzuwirken. Ebenso sind bestimmte Rahmenbedingungen notwendig, um überhaupt eine bestimmte Qualität zu erreichen. Es kann nicht ausreichen, den gesamten Qualitätsentwicklungsprozess auf dem Rücken der Einrichtungsträger und dem Personal der Einrichtung auszutragen.[7]

---

[5] Deutscher Bundestag, Drucksache 13/11868 (1998), S. 191
[6] Vgl. Koppold, G., 1999, S. 1
[7] Vgl. Koppold, G., 1999, S. 4 f.

Auch Beate Irskens spricht von der Notwendigkeit, die „Beliebigkeit abzubauen". Hier richtet sich die Forderung aber an die fachliche Ebene, welche sich mit pädagogischen Handlungstheorien und der Sozialisation sowie Entwicklung des Kindes beschäftigt.[8]

Noch einmal weise ich darauf hin, dass sich Qualität auf mindestens fünf verschiedenen Ebenen entwickeln muss und das gerade im Bereich der Kinderbetreuung sehr unterschiedliche Interessengruppen aufeinander treffen. Somit herrschen differenzierte Sichtweisen über die Qualität von Kindertagesbetreuung und auch deren Umsetzung.

Eine qualitativ gute Kindergartenarbeit zeigt sich daran, inwieweit es gelingt, einen tragfähigen Konsens zwischen diesen teilweise konträren Zielsetzungen herzustellen und inwieweit es gelingt diesen Konsens in die praktische Arbeit umzusetzen und zu integrieren.

Im ersten Teil meiner Diplomarbeit werde ich alle wichtigen Begriffe klären, die mit der Qualitätsentwicklung einhergehen und beziehe mich bei allen auf die Kindertagesbetreuung in Deutschland. Auch werde ich allgemein den Prozess darstellen, der in einer Einrichtung abläuft, wenn man sich dem Thema Qualität stellen will.

Des Weiteren erläutere ich im Hauptteil meiner Arbeit die Rahmenbedingungen und Unentbehrlichkeit der Qualitätsoffensive im Kindergartenbereich. Unter Beachtung der Landesausführungsgesetze zur Kindertagesbetreuung in Anlehnung an den § 26 KJHG werde ich einen Vergleich herstellen zu den Forderungen des Netzwerks Kinderbetreuung der Europäischen Kommission.

Im dritten Teil der Arbeit beschreibe ich die derzeit im Kitabereich diskutierten Qualitätsmanagementverfahren bzw. Verfahren zur Qualitätsentwicklung. Dazu werde ich jeweils eine Pro und Contra Gegenüberstellung führen.

Zu guter Letzt fasse ich alles zusammen und weise noch einmal auf Probleme und Perspektiven hinsichtlich der Praxis und Finanzierung hin.

---

[8] vergl. Irskens, B./ Vogt, H., 2000

2. Qualitätsmanagement in der Theorie

Das Qualitätsmanagement in Kinderbetreuungseinrichtungen dient der Bedürfniserfüllung aller Interessenten, was nicht immer leicht umzusetzen ist, wegen der oft gegensätzlichen oder nicht zu vereinbarenden Ansprüche und Sichtweisen der so genannten Kunden. Darüber hinaus sollten auch fachliche Anforderungen und gesetzliche Vorgaben beachtet werden, um eine gute Qualität zu erlangen.
Um einen Einblick in das Qualitätsmanagement zu bekommen, sollten folgende Begriffe für jeden Beteiligten verständlich sein. Im Hinblick auf das Thema ist es auch von Nöten diese Begriffe in Zusammenhang mit dem Kinderbetreuungsbereich zu sehen und zu erläutern.

2.1. Qualität

Im sozialen Bereich hat sich bisher noch keine eindeutige Definition von Qualität herausgebildet, weil es dort eine Konfrontation mit Werten und Traditionen gibt, die es erschweren auf das Qualitätsmanagement der Profitorganisationen zurückzugreifen.[9] Daher scheint es angebracht, eine allgemeine Definition einzubringen, um den Begriff zu verstehen.
„Qualität ist eine Gesamtheit von Merkmalen eines Produktes, einer (Dienstleistung), die sich auf vereinbarte und festgelegte Kriterien bezieht; sie ist keine absolute, unveränderliche Größe."[10] So ähnlich klingen alle anderen Definitionen, wobei bestimmte Merkmale des Begriffes immer wieder benannt werden. So ist der Begriff Qualität neutral und ergibt sich immer aus den Erwartungen an eine Leistung und der tatsächlich erbrachten Leistung. Die Erwartungen an die Leistung werden mit allen Beteiligten ausgehandelt und sind somit abhängig von deren Wertvorstellungen, Sichtweisen, Erkenntnissen und Bedürfnissen. Demnach ist es nur allzu logisch, dass Qualität veränderbar und zeitbezogen ist, allein durch den Wertewandel in der Gesellschaft oder durch politisch veränderte Rahmenbedingungen. Jedoch muss dazu gesagt werden, Qualität ist immer

[9] vgl. Bobzien/ Stark/ Straus, 1996, S. 40
[10] zit.: Bundesarbeitsgemeinschaft der Landesjugendämter (BAGLJÄ), Qualität in Kindertageseinrichtungen, 88. Arbeitstagung, Halle/Saale, Mai 2000

gungen. Jedoch muss dazu gesagt werden, Qualität ist immer vorhanden, ob nun gute oder schlechte. Das liegt im Auge des Betrachters, also der Perspektive aus der man die vorhandene Qualität beurteilt.

Nach Dr. Friedhelm Knorr kann man auch sagen, Qualität ist kein feststehender Begriff, der eine absolute Größe bezeichnet, welche immer Gültigkeit besitzt. Der Begriff muss stets neu definiert werden und bezieht sich auf identifizierbare Dienstleistungen. Qualität bezieht sich auf mehrere Aspekte einer Dienstleistung. Darüber lassen sich auch Angeben machen, wie es um die Struktur der Dienstleistung beschaffen ist. Ebenso ist Qualität keine gegebene Größe, die einmal erreicht immer wieder automatisch hergestellt werden kann. Hierzu wird ein entsprechendes Qualitätsmanagement benötigt, das für die Einhaltung und Weiterentwicklung der vereinbarten Qualitätsstandards sorgt, Qualität kontrolliert und sichert.[11]

Geht man vom sozialpädagogischen Auftrag des Kindergarten mit den folgenden Zielen aus „Bilden, Erziehen und Betreuen“, kann von einer qualitativ guten Tagesbetreuung im Sinne pädagogischer Qualität gesprochen werden, wenn diese das körperliche, emotionale, soziale und intellektuelle Wohlbefinden und die Entwicklung der Kinder in diesen Bereichen fördert und die Familien in ihrer Betreuungs- und Entwicklungsaufgabe unterstützt.[12]

2.2. Qualitätsarten

Wir unterscheiden grundsätzlich drei Arten von Qualität. Zum einen die Prozessqualität, welche die Qualität der Durchführung der Leistung widerspiegelt. Dann die Strukturqualität, die durch Rahmenbedingungen bestimmt wird und im Prinzip auch den Rahmen darstellt, in welchem eine Leistung vollzogen wird. Entsprechend der Beschaffenheit von Strukturqualität entwickelt sich dann Qualität. Die Strukturqualität einer Einrichtung ist somit ein wichtiger Aspekt für die Entwicklung von Qualität und auch unverzichtbar für den Vergleich mit anderen Einrichtungsqualitäten. Leider scheint bei den Verantwortlichen, den Gesetzgebern und Kostenträgern jegliches Bewusstsein dafür zu fehlen.[13]

---

[11] vgl. F. Knorr/ B. Halfar, Qualitätsmanagement in der Sozialarbeit, Regensburg 2000, S. 17
[12] vgl. Tietze, W. (1998), S. 20
[13] vgl. Koppold 1999, S. 3

Die dritte Qualitätsart ist die Ergebnisqualität, welche die Resultate beschreibt, wobei man im sozialen Bereich Veränderungen durch Interventionen darunter versteht. . Die KGSt weist darauf hin, dass verstärkt auf die Ergebnisqualität geachtet werden soll und nicht nur auf Prozess- und Strukturqualität, wie es in der Fachliteratur häufig der Fall ist.[14] Begründet scheint dies darin zu sein, dass es von entscheidender Bedeutung ist, welche beabsichtigten und tatsächlichen Ergebnisse und Wirkungen durch kommunales Handeln erreicht werden sollen.

Alle drei Qualitätsarten finden bei jeder Dimension von Qualität Anwendung. Sei es bei der pädagogischen Qualität, bei der Leitungsqualität oder den anderen im nachfolgenden benannten.

2.2.1. Prozessqualität

Die Prozessqualität in Kindertageseinrichtungen bezieht sich hauptsächlich auf die Interventionshandlungen als Gesamtheit aller Aktivitäten zwischen der Einrichtung und allen Interessenpartnern. Hierzu zählt der Umgang mit den Kindern, den Eltern, die Organisation im Team, die Verteilung der Verantwortung und wie die Zusammenarbeit mit Trägern, Sachverständigen und den Gemeinden gehandhabt wird.
Die Bundesarbeitsgemeinschaft der Landesjugendämter (BAGLJÄ) hat diese Aspekte wie folgt zusammengetragen.

- Betreuer – Kind – Interaktion
- Betreuer – Eltern – Interaktion
- Betreuer – Betreuer – Interaktion
- Betreuer – Träger – Interaktion
- Interaktion mit anderen Diensten
- Interaktion mit der sozialen und kulturellen Umgebung[15]

Tietze, Schuster und Rossbach verdeutlichen in der Kindergarten-Einschätz-Skala (KES) wesentliche Gesichtspunkte, die zu einer angemessenen pädagogischen

[14] vgl. KGSt-Bericht 2/2001, S.17
[15] vgl. BAGLJÄ, Mai 2000, S. 7

Prozessqualität im Kindergarten gehören. Kurz zu benennen währen die Interaktionen, die für entwicklungsmäßig geeignete Aktivitäten des Kindes sorgen und seine emotionale Sicherheit und sein Lernen unterstützen. Ebenso wichtig ist die Vorrangstellung der Sicherheit und Gesundheit des Kindes bei der Betreuung und dem Umgang mit ihm, wie auch die Einbeziehung der Familie des Kindes im Rahmen klarer Kommunikationsformen. Tietze, Schuster und Rossbach weisen auch darauf hin, dass sich strukturelle Rahmenbedingungen nicht gänzlich von der Prozessqualität abgrenzen lassen. Das wird deutlich, in dem sie das räumlich – materielle Arrangement zu den Notwendigkeiten einer pädagogischen Prozessqualität zählen.[16]

2.2.2. Strukturqualität

Die Strukturqualität wird durch Faktoren bestimmt, wie z.B. Situation, Umfeld, Finanzen und politischen Entscheidungen. Durch diese Faktoren verändern sich die Rahmenbedingungen, welche wiederum die Struktur einer Einrichtung beeinflussen. Zu diesen Rahmenbedingungen gehören Aspekte, wie Gruppengröße, Personalschlüssel, Professionalität der Betreuer und Leiter, Angebotsstruktur, Struktur des Betreuungsablaufes, Raumgestaltung und Größe der Einrichtung sowie kulturelle Aufgeschlossenheit. Ganz präzise kann man auch einschränken auf vier Gruppen der Rahmenbedingungen: Personal, Ausbildung, materiell-fachliche Ausstattung, Aufbau- und Ablauforganisation.
Strukturqualität ist der Qualitätsbegriff, dem die meiste Aufmerksamkeit in Gesetzen und Richtlinien beigemessen wird. Die Vorschriften variieren von Bundesland zu Bundesland und somit auch der Inhalt der o. g. Aspekte.

2.2.3. Ergebnisqualität

Im Zusammenhang mit Bildungs- und Erziehungsprozessen wird die Ergebnisqualität eher vorsichtig erörtert. Allgemein wird darunter der erzielte Zustand durch eine erbrachte Leistung verstanden, welcher dann durch Soll-Ist-Vergleich

---

[16] vgl. W. Tietze/ K-M. Schuster/ H-G. Rossbach, August 1997, S. 7

oder Evaluation gemessen wird.[17] Die Messung dieser Qualität im Kinderbetreuungsbereich ist aber unzureichend umsetzbar. Verweist man noch einmal darauf, dass Ergebnisqualität sich dadurch definiert, in wieweit Veränderungen durch Interventionen hervortreten, müssen diese Veränderungen notwendigerweise erkannt werden. Im Kinderbetreuungsbereich wären das Veränderungen, wie kognitive und motorische Entwicklung des Kindes, emotionale Ausgeglichenheit, soziale Kompetenz u. a. Letzteres lässt sich nur durch Beobachtung überprüfen, was in Deutschland zu selten, wenn überhaupt durchgeführt wird. Hier sind noch große Lücken in der Forschung offen. Notwendig wären Beobachtungen der Kinder beim Eintritt in die Betreuungseinrichtung und dann in regelmäßigen Abständen, um rechtzeitig Fehlentwicklungen entgegenzuwirken, denn wenn das Kind die Einrichtung verlässt und dann erst eine Fehlentwicklung festgestellt wird, können die Pädagogen der Einrichtung nicht mehr handeln. Zudem müssen klare Ziele festgelegt sein, denn ohne ein *Soll* ist der Vergleich mit dem *Ist* nicht möglich. Hinzu kommt, dass sich Ziele wie soziale Kompetenz und die relevanten Merkmale dieses Ziels nur schwer exakt definieren und in messbaren Größen ausdrücken lassen.

Im erzieherischen Dienstleistungsbereich sind Schlussfolgerungen von guten oder schlechten Ergebnissen auf die Struktur oder Prozessqualität nur zum Teil angebracht, denn hier ist der Mensch, das Kind, die Eltern und deren Lebensumfeld von entscheidender Bedeutung. Besonders die persönlichen Faktoren wie Bildung, Biographie, religiöse Einstellung und sozialer Stand spielen hier eine wichtige Rolle. Kurz gesagt, Qualität ist immer abhängig von der Befindlichkeit und Erwartung des Betrachters oder potentiellen Empfängers.

Damit kann sich in der Praxis eine Qualitätsbeurteilung nur begrenzt am Ergebnis bzw. an der Wirkung orientieren.

Hinzuzufügen ist, dass das Potential längst nicht ausgeschöpft ist, welches zur Wirkungsbeobachtung geeignet erscheint. Benennen möchte ich hier die von Klara Schlömer erwähnten Aspekte, wie „Engagiertheit“ und „Wohlbefinden“ der Kinder.[18] Auch die Leuvener Engagiertheitsskala für Kinder (LES-K) ist ein geeignetes Instrument zur Beobachtung und Messung von Entwicklungen der Kinder.

---

[17] vgl. BAGLJÄ, Mai 2000, S. 8

[18] vgl. Klara Schlömer, VBE,

2.3. Qualitätsdimensionen

2.3.1. Nach Herbert Vogt

Um Qualität in Einrichtungen zu entwickeln, muss einem jedem Beteiligten bewusst sein, welche Dimensionen von dieser Entwicklung betroffen sind.
Herbert Vogt hat sieben Dimensionen an Hand der folgenden Orientierungspunkte herausgearbeitet. Der erste wichtige Orientierungspunkt ist Freundlichkeit als persönliche Grundhaltung gegenüber den Kindern, Eltern, Kollegen und anderen Kunden. Er verlangt ein offenes, einladendes, zugewandtes und solidarisches Verhalten von den Fachkräften. Ein nächster Orientierungspunkt ist das strategische Ziel der Partizipation und Partnerschaftlichkeit. Eine Mitwirkung aller Beteiligten und Interessierten, auch aus der Gemeinde und Öffentlichkeit, in der Kindertageseinrichtung ist erwünscht und soll gefördert werden. Des Weiteren gehört die Integration aller Kinder und Familien einer bestimmten Region, unabhängig von ihren kulturellen Verschiedenheiten, ihren alters- und bedürfnismäßigen Unterschiede und Problemlagen mit zu den Orientierungspunkten, welche von Vogt aufgezählt werden. Ein vierter Orientierungspunkt ist die Kontextorientierung, welche hauptsächlich an den Lebens- und Beziehungswelten und den Lebensgeschichten interessiert ist. Der letzte Orientierungspunkt ist die Bedarfsorientierung. Wünsche und Interessen des Gemeinwesen, der Eltern, der Kinder und der Gemeinde stehen im Vordergrund des Leistungsangebotes, sowie die empirische Bedarfermittlung.
An Hand dieser Orientierungspunkte hat Herbert Vogt also sieben Qualitätsdimensionen herausgearbeitet, welche während des Qualitätsentwicklungsprozesses wiederum in drei Untersuchungsebenen gegliedert werden. Zuerst formuliert man zu jeder Dimension die zentralen Standards, nicht nur Mindeststandards, sondern auch die nur von dieser Einrichtung erstrebenswerten Zustände. Dann erfolgt die Erarbeitung von Erkenntnisleitenden Fragen, welche zur differenzierten Untersuchung der eigenen Kindergartenarbeit dienen sollen. An Hand der Antworten auf diese Fragen gewinnt die Einrichtung einen Überblick über die Zustände, die bereits erreicht worden sind und einen Vorschlagskatalog, der zur weiteren Entwicklung dienen kann.

Die sieben Dimensionen der Qualität nach Herbert Vogt sind:

- Leitungsqualität
- Personalqualität
- Einrichtungs- und Raumqualität
- Trägerqualität
- Kosten-Nutzen-Qualität
- Förderung von Qualität
- Programm- und Prozessqualität[19]

2.3.2. Nach Bobzien/ Stark/Straus

Weitere Dimensionen nennt M. Bobzien, W. Stark und F. Straus in Qualitätsmanagement aus der Fachreihe „Schwerpunkt Management".[20] Die Eckpunkte, mit denen sich die Qualitätsdimensionen festlegen lassen, sind bei ihnen Kundenfreundlichkeit, Mitarbeiterorientierung, Lebensweltorientierung, das Bild vom Menschen, Fachlichkeit und Wirtschaftlichkeit. Hieraus haben sich acht Qualitätsdimensionen ergeben, die für den gesamten Bereich der sozialen Arbeit anwendbar sind und somit auch für Einrichtungen der Kindertagesbetreuung.

In **Abbildung 1** sind die Qualitätsdimensionen schematisch dargestellt und ergänzt durch eine Übertragung für den Kitabereich.

---

[19] vgl. B. Irskens/ H. Vogt: Qualität und Evaluation, Frankfurt am Main 2000, S. 83 - 87
[20] vgl. Bobzien M./ Stark W./ Straus F. : Qualitätsmanagement, In: Schwerpunkt Management. Alling 1996, S. 40

Zufriedenheit der Betroffenen:

Zufriedenheit der Eltern, Kinder, freie und öffentliche Träger, Fachkräfte und Leitung, Fachberaterinnen, Kommunale Öffentlichkeit mit der man zusammen arbeitet, andere Interessenten mit denen man in Verbindung steht

Menschenbild

Bild vom Kind und auch Blick auf die Situation der Familie, Orientierungsqualität => pädagogische Werthaltung der mit den Kindern agierenden Erwachsenen, religiöse und pädagogische Einstellungen der Betreuer

Zufriedenheit der Mitarbeiter:

der Erzieherinnen Zufriedenheit mit der Ausbildung, Fort- und Weiterbildung, klar strukturierte Aufgaben- und Verantwortungsverteilung, Anerkennung ihrer Arbeit, Professionalisierung, Motivation

Soziale Verträglichkeit:

Lebenswelt- und Umfeldorientierung aller Beteiligten, Zeitmäßigkeit, Beachtung des gesellschaftlichen und familiären Wandel, Lebenslagen und Lebensgeschichten der Kinder und Familien,

Qualitätsdimensionen sozialer Arbeit

Bezogen auf Kindertageseinrichtungen

Grad der Zielerreichung (Effektivität):
Mit Hilfe von Fragebögen oder Gesprächen Zielerreichung überprüfen, Beobachtungen der Kinder und dokumentieren, Abgleich mit den Zielen und eventuell Veränderungsmaßnahmen erstellen und handeln

fachliche Qualität:

entsprechende Ausbildung der Fachkräfte und Leitung, Fort- und Weiterbildungsangebote, Zusammenarbeit mit Fachexperten und Wissensaustausch

Vermittlung von Lebensperspektiven:
Sozialkompetenz der Kinder entwickeln, Eltern beratend zur Seite stehen bei Erziehungsfragen, aber auch bei Problemlagen anderer Art, Öffnung der Einrichtung für Eltern, die den Austausch untereinander wünschen, Möglichkeit von Gesprächen zwischen Experten und Eltern,

Verhältnis von Aufwand und Ergebnis (Effizienz):
Überprüfung der Ressourcen und deren volle Ausschöpfung, Budgetierung und neue Steuerung,

Abbildung 1 - Quelle[21]

[21] vgl. Bobzien, M. 1996, S. 41/ Ergänzung eigene Arbeit

2.3.3. Nach KGSt

Auch die Kommunale Geschäftsstelle benennt die Qualitätsdimensionen einer Kindertageseinrichtung. Ähnlich wie H. Vogt orientiert sie sich an vier wichtigen Zielen, die der Untergliederung von Qualitätsdimensionen dienen und einen Blick auf den gesamten Leistungserstellungsprozess erlauben. Vor allem findet hier die Qualität von Ergebnissen und Wirkungen einen beachtlichen Wert. Den Zielen schreibt die KGSt, ebenso wie H. Vogt eindeutige Leitfragen zu, die die Steuerung eines Qualitätsmanagements von Kindertageseinrichtungen erleichtern und zur Ordnung eines Systems von Qualitätsdimensionen beitragen sollen.[22] Die Zielfelder sind hier sehr stark an den Qualitätsarten Prozess-, Struktur- und Ergebnisqualität angelehnt.
In der nachfolgenden Tabelle zeige ich dem einfachen Verständnis wegen die Ziele, deren Leitfragen und die entsprechenden Qualitätsdimensionen auf.

Zielfelder	**Leitfragen**	**Qualitätsdimensionen**
Ergebnisse / Wirkungen	Was wollen wir erreichen? (Outcome)	- Bedarfdeckung (Betreuung) - Förderung der Kinder (Bildung und Erziehung)
Programme / Produkte	Was müssen wir dafür tun? (Output)	- Platzangebot - Pädagogisches Angebot / Programme
Prozesse / Strukturen	Wie müssen wir es tun? (Throughput)	- Gestaltung des pädagogischen Prozesses - Motiviertes und qualifiziertes Personal - Räumliche und sachliche Ausstattung - Personalausstattung - Marketing - Steuerung / Organisation - Kooperation mit Dritten
Ressourcen	Was müssen wir einsetzen? (Input)	- Kosten / Wirtschaftlichkeit

Tabelle 1: Qualitätsdimensionen von Bildung, Erziehung und Betreuung in Tageseinrichtungen von Kindern[23]

[22] Vgl. KGSt-Bericht 2/2001, S. 21
[23] Vgl. KGSt-Bericht 2/2001, S. 24

2.3.4. Nach Erath/Amberger

Auch Peter Erath und Claudia Amberger haben drei Qualitätsdimensionen herausgestellt, welche zueinander in Beziehung stehen und die Qualität einer Einrichtung wesentlich beeinflussen. Zum einen währe da die interaktive Dimension, die wie schon der Name sagt Hinweise über die Aushandlungsprozesse und Auseinandersetzungen der Interessenpartner untereinander gibt. Dann erwähnen sie die fachliche Dimension, welche sich mit der Erfüllung pädagogisch-fachlicher Standards während aller Prozesse beschäftigt. Und als dritte benennen sie die organisationale Dimension, die sich mit der Qualität der organisationalen Umsetzung im Rahmen klarer Organisations- und Arbeitsstrukturen befasst.[24]

Fazit

Wenn wir alle Ausführungen von Qualitätsdimensionen miteinander vergleichen, können wir feststellen, dass bis heute keine Einigkeit darüber besteht, welche Qualitätsdimensionen wichtig erscheinen. Jedoch lässt sich aussagen, dass der Zweck von Qualitätsdimensionen erklärt scheint. Denn sie sollen dazu dienen, dass der gesamte Komplex, in welchem Qualitätsentwicklung vorangetrieben wird, aus verschiedenen Blickwinkeln gesehen wird und somit in kleinere Komplexe geteilt wird. Dies dient der Übersichtlichkeit des Systems und der erforderlichen Ordnung. Mit Hilfe der entsprechenden Leitfragen finden die Beteiligten leichter Antworten und können sich effektiver mit dem Qualitätsentwicklungsprozess auseinandersetzen.

2.4. Qualitätsebenen

In der Fachliteratur findet man häufig unter Qualitätsebenen die Darstellung der Prozess-, Struktur- und Ergebnisqualität. Beate Irskens versteht aber unter diesen Begriff die Ebenen, auf denen sich Qualität abspielt. Sie nennt unter anderem die die gesellschaftliche Ebene, die politische Ebene, die fachliche Ebene, die organi-

[24] vgl. Erath P./ Amberger C.: Das KitaManagementKonzept. 2000. S. 39

satorische Ebene und die Kommunikations- und Handlungsebene.[25] Auch im Fachpolitischen Diskurs des Sozialpädagogischen Institutes des Landes Nordrhein-Westfahlen finden wir die von Beate Irskens genannten Ebenen wieder. Kurze Erläuterungen sollen helfen, sich eine Vorstellung von den Ebenen zu machen. Die gesellschaftliche Ebene beinhaltet die derzeitigen Vorstellungen über Erziehung, das allgemeine Bild vom Kind und die gesellschaftlichen Bedingungen für die kindliche Entwicklung. Die politische Ebene schließt die Schaffung von Rahmenbedingungen wie Gesetze oder die Infrastruktur für Kinder und ihre Familien mit ein. Auf der fachlichen Ebene betreibt man Grundlagenforschung zu entwicklungspsychologischen Fragestellungen oder Fragen zur Bildungsforschung. Die Erkenntnisse dieser Ebene wurden bisher in Deutschland nur unzureichend beachtet, was im Abschnitt „Qualitätsstandards" näher umschrieben wird. Die organisatorische Ebene umfasst die Organisation der Tageseinrichtungen und des Trägersystems. Und auf der Kommunikations- und Handlungsebene werden die Gestaltungen der Beziehungen von Kindern und Eltern zu Erzieherinnen sowie Methodenkenntnisse näher beleuchtet.[26]

Im Vergleich zu den Qualitätsdimensionen, die ich oben schon beschrieben habe, ist festzustellen, dass einige Punkte dort ihre Beachtung finden. Jedoch die politische und gesellschaftliche Ebene werden zu wenig beleuchtet, obwohl die Politik doch entscheidende Rahmenbedingungen stellt. Ebenso ist es mit der Gesellschaft, es verändern sich regelmäßig Ansprüche der Gesellschaft und Öffentlichkeit an die Kindertagesbetreuung. Der Wandel der Gesellschaft, die sozialen Bedingungen, die das Umfeld der Kinder, deren Familien und der Einrichtung bestimmen, werden unzureichend analysiert. Obwohl auch hieraus wichtige Entscheidungen resultieren, die die Richtung einer Kindertagesbetreuung von Heute bestimmen.

---

[25] vgl. B. Irskens/ H. Vogt: Qualität und Evaluation, Frankfurt am Main 2000, S.43f

[26] vgl. Hermens, C. Siegen 2000, S. 24

2.5. Interessengruppen

Interessengruppen sind alle, die an der Kindertageseinrichtung beteiligt und interessiert sind. Soziale Dienstleistungen, wozu auch die Kindertagesbetreuung zählt, können ihre Kunden nicht immer eindeutig identifizieren. Es ist immer wichtig zu sehen, wer hat und wer bringt einen Nutzen. Natürlich sind die wichtigsten Nutzer bzw. Kunden die Kinder und deren Eltern. Aber auch die Träger und die Öffentlichkeit, also die Gesellschaft sind nicht außer Acht zu lassen, denn sie sind die Geldgeber und fordern eine gute Qualität als Sicherung der Zukunft unserer Gesellschaft. Des Weiteren sind die Fachöffentlichkeit und die Mitarbeiterinnen, sowie die Kommunen zu benennen.

Ein Austausch zwischen den Interessenpartnern, auch Stakeholder genannt, ist unerlässlich. Zum Beispiel kann es nicht nur nach den Wünschen der Eltern gehen, es muss alles finanzierbar sein und auch mit fachlichen Entwicklungen zu vereinbaren. Ebenso muss die Umsetzbarkeit durch die Mitarbeiter garantiert sein.[27]

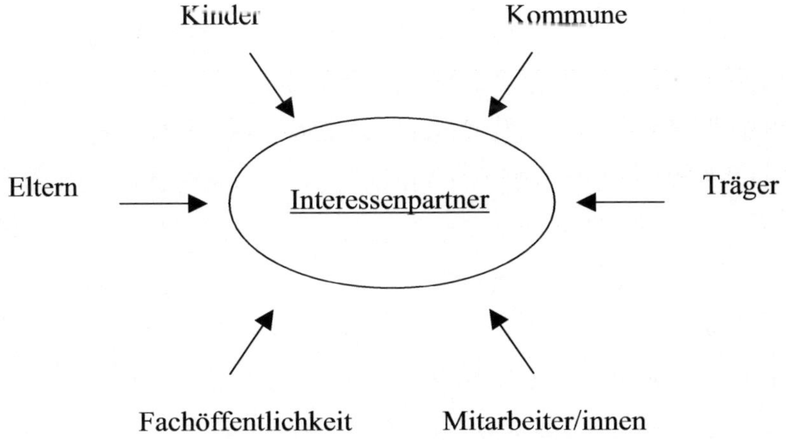

Abbildung 2 - Quelle[28]

[27] vgl. Erath/ Amberger: Das KitaManagementKonzept. 2000. S 42

[28] vgl. Erath/ Amberger: Das KitaManagementKonzept. 2000. S 43

2.6. Qualitätsstandards

Die Qualitätsstandards im Kitabereich, wobei es sich meist um Mindeststandards handelt, werden definiert durch die Ausführungsgesetze der Länder zum §22 ff. des KJHG und durch entsprechende Rechtsverordnungen. Zurzeit schlagen jedoch immer mehr Bundesländer den Weg der Kommunalisierung der Zuständigkeit für Kindertagesstätten ein, man denke an die zukünftige Abschaffung der Landesjugendämter in einigen Bundesländern. Dort werden die bisher geltenden Vorschriften über Mindeststandards aufgehoben und es wird den Kommunen überlassen, die Einrichtungen nach Gutdünken auszustatten. Da regiert dann meist der kommunale Geldbeutel. Der Beliebigkeit muss entschieden entgegengetreten werden, wenn das Recht der Kinder auf Chancengleichheit nicht noch weiter verloren gehen soll.

Die Kindertageseinrichtung sollte sich auch eigenständig mit der Ausformulierung von Qualitätsstandards in ihrer Organisation beschäftigen. Dies dient zur besseren Identifizierung und Motivation bei der Entwicklung von Qualität. Des Weiteren findet die eigenständige Erarbeitung von Qualitätsstandards ihre Bedeutung darin, dass sie der Profilierung der Einrichtung nützt.

Qualitätsstandards sind konkretisierte Ziele, die sich eine Einrichtung setzt und welche auch dokumentiert werden, um Verbindlichkeit und Allgemeingültigkeit zu verdeutlichen. Zustände, die erwünscht sind, können mit ihnen genauer beschrieben und bewertet werden. Mit Hilfe von Qualitätsstandards können die Ziele einer Einrichtung in Handlungsschritte umgesetzt werden. Ausgehandelt werden diese mit allen Interessenpartnern. Ein Qualitätsstandard ist folgendermaßen zu gestalten. Da sich Qualität, wie schon erwähnt mit der gesellschaftlichen Entwicklung, sich wandelnden Bedürfnissen und neuen Erwartungen immer wieder verändert, sollten die Qualitätsstandards immer wieder auf ihre Gültigkeit und Angemessenheit hin überprüft und gegebenenfalls variiert bzw. verbessert werden.[29] Um noch einmal zurückzukommen auf die Beliebigkeit. Dies zu verhindern währe möglich durch die Schaffung eines gewerkschaftlichen Gütesiegels, wie es die GEW vorschlägt. Diese Siegel, also erforderliche Standards müssten geschaf-

---

[29] vgl. KGSt-Bericht 2/2001: S. 35

fen werden durch pädagogische Teams in Zusammenarbeit von Wissenschaft und Beratung.[30]

Im Hand- und Werkbuch „Soziales Qualitätsmanagement" findet man von Peter Gerull eine ausgearbeitete Definition zum Begriff Qualitätsstandards.

- „Qualitätsstandards leiten sich aus anerkannten Qualitätskriterien ab und sind definierte Ausprägungsgrade dieser Kriterien (z. B. Minimal-, Ideal- oder Durchschnittsstandards)."[31]

Die Europäische Kommission fordert bereits seit 1991 eine konstruktive Auseinandersetzung der Politik mit der Qualität der Kindertagesbetreuung. Bis zum Jahr 2006 sollen die 40 Qualitätskriterien als Mindeststandards, welche gemeinsam mit internationalen, europäischen, regionalen und lokalen Institutionen erarbeitet wurden, in allen Ländern der Europäischen Union erreicht sein.[32]

Da in dieser Arbeit besonders die Güte deutscher Kindertageseinrichtungen beleuchtet werden soll, erachte ich es als notwendig, die von der Europäischen Kommission erarbeiteten Kriterien verkürzt zu benennen und in Kapitel 3.3.1. mit den bestehenden Länderregelungen zu vergleichen. Das Netzwerk Kinderbetreuung der Europäischen Kommission hat die einzelnen Qualitätskriterien primären Zielen zugeordnet, welche ich hier einmal aufzähle:

I. Ziele im Bezug auf den politischen Rahmen (1-6)
II. Finanzielle Ziele in Verbindung mit dem politischen Rahmen (7-10)
III. Ziele hinsichtlich Umfang und Arten von Einrichtungen (11-15)
IV. Bildungsziele (16-20)
V. Ziele bezüglich des Personalschlüssels (21-24)
VI. Ziele für Beschäftigung, Aus- und Weiterbildung des Personals (25-29)
VII. Ziele hinsichtlich Umgebung und Gesundheit (30-33)
VIII. Ziele im Bezug auf Eltern und Gemeinwesen (34-36)
IX. Ziele hinsichtlich der Ausführung (37-40)[33]

---

30 vgl. Eibeck B.,21.02.2001
31 Gerull, P., 2000, Kapitel 4, S. 21
32 vgl. Textor, M. 1999, S. 17
33 eine wortgenaue Ausführung der Qualitätskriterien der Europäischen Kommission findet sich im Anhang

Mit Blick auf diese eben genannten Ziele und die in Kapitel 1.1.2. „Qualitätsarten“ beschriebenen Aspekte lassen sich Qualitätsstandards für jede Einrichtung herleiten. Diese während des Qualitätsentwicklungsprozesses in einer beliebigen Kinderbetreuungseinrichtung zu erarbeitenden Standards, sollten präzise auf die Einrichtung, deren Ressourcen und Leitbild zugeschnitten sein.
Ein entscheidendes Problem ist jedoch, dass die Ziele der Europäischen Kommission nicht nur Ziele der Einrichtungen sind, sondern insbesondere die Politik der Länder und der Bundesrepublik ansprechen. Denn allen voran sind hier die Ziele, welche Rahmenbedingungen vorschreiben, unter welchen sich dann in den Kindertagesstätten weiterhin Qualität entwickeln soll und wird.

Fazit

Zusammenfassend möchte ich noch einmal sagen, dass sich die Qualitätsstandards vornehmlich auf die Strukturqualität und auf die pädagogische Qualität konzentrieren. Pädagogische Qualitätsstandards sind unter anderen der pädagogische Umgang mit Kindern, die Gestaltung des Gruppenlebens, das selbstbildende Freispiel, die Kleingruppenarbeit, die Projektarbeit, gruppenübergreifendes Arbeiten, Feste und Feiern, Raumgestaltung, Integration, spezielle Förderung, Umgang mit Eltern, Umgang mit Beschwerden, Elternabend, Entwicklungsgespräch und vieles andere. Zu den strukturellen Qualitätsstandards zählen zum Beispiel Gesamtteam, Team, Leitung, Dokumentationssystem, Fortbildung und Schulung, Hygiene und Sicherheit, Budgetführung, Fallbesprechungen, Aufnahmeverfahren, Bewerbungsgespräche.

2.7. Phasen und Ablauf der Entwicklung von Qualitätsmanagement

Man kann davon ausgehen, dass die Entwicklung von Qualität in allen sozialen Einrichtungen ähnliche Phasen durchläuft. Deshalb möchte ich den allgemeinen Ablauf von Qualitätsmanagement im Sozialen Bereich beschreiben.

In Zusammenarbeit mit allen Mitarbeitern einer Einrichtung werden individuelle und kollektive **Visionen** für die Zukunft zusammengetragen. Mit einem Rückblick auf bisherige Konzepte, Strategien und Erfolge, aber auch Misserfolge und einen Blick in die Zukunft wird ein Leitbild geschaffen. Im Leitbild enthalten sind von allen Mitarbeitern geteilte Grundsätze darüber, wie mit Klienten/innen, Geldgebern, dem Träger und anderen Einrichtungen umgegangen werden soll. Auch finden sich in der Ausformulierung des Leitbildes Aussagen zur Führung, Organisation und Kommunikation in der Einrichtung selbst. Dieses von den Mitarbeitern, z.B. in Workshops entwickelte Leitbild wird dem jeweiligen Träger vorgestellt, darüber abgestimmt um dann als Einleitung für die Qualitätspolitik, welche als nächster Schritt entworfen und umgesetzt wird, zu dienen.

Die **Qualitätspolitik** dient der Identifikation mit den Leitbildelementen und der **Festlegung von übergreifenden Qualitätszielen**. Sie sollte ausformuliert werden im Hinblick auf nachfolgende Aspekte: die Güte der zu erbringenden Dienstleistung, dem Image und dem Ruf der Einrichtung unter Beachtung der Qualität, die Ziele in Bezug auf die Qualität der einzelnen Dienstleistungen und Angebote, die zur Erreichung und Überprüfung von Qualitätszielen einzuschlagenden Vorgehensweise, die Formen von Anerkennung von Erfolgen und Leistungen sowie die notwendige Schulung und Fortbildung der für die Umsetzung der einzelnen Ziele verantwortlichen Mitarbeiter/innen. Beim Entwurf und der Umsetzung von Qualitätspolitik ist es erforderlich, einen Abgleich zwischen dem Leitbild, den Ressourcen und den noch zu entwickelnden Zielen und Maßnahmen durchzuführen. Alle genannten Elemente müssen miteinander kompatibel sein. Weil die Ressourcen eine entscheidende Rolle bei der Umsetzung der Ziele spielen sind Verhandlungen mit dem Träger und anderen Geldgebern verstärkt notwendig, was hauptsächlich in den Aufgabenbereich der Leitung fällt. Ebenso ist die Leitung dafür verantwortlich, dass alle Mitarbeiter gemeinsam das Leitbild und die Ziele erarbeiten. In der Qualitätspolitik einer Einrichtung findet sich der tatsächliche Willen zur Umsetzung der Visionen.

Als nächster Schritt im Ablaufplan müssen die **Verantwortlichkeiten** festgelegt werden. Die herausgearbeiteten Maßnahmen zur Qualitätssicherung und Verbesserung werden systematisiert und in unterschiedliche Bereiche geteilt. Den verschiedenen strukturellen Ebenen fallen besondere Verantwortungen zu. So übernimmt die Führungsaufgabe meistens die Leitung. Sie ist für die Festlegung der Qualitätspolitik und deren Weiterentwicklung verantwortlich. Die Aufgabe der Führung schließt den Gesamtrahmen des Qualitätsentwicklungsprozesses ein. Dazu gehören auch möglichst alle Mitarbeiter zu beteiligen und die Bestimmung eines Qualitätsbeauftragten. Dieser übernimmt die Verantwortung für alle Tätigkeiten, die in Verbindung mit der Qualitätsverbesserung stehen. Er koordiniert die Maßnahmen zum Qualitätsmanagement einer Einrichtung und dient als Berater für die Durchführung einzelner Maßnahmen im Team. Zu seinen Aufgabenbereich gehören auch die Entwicklung und Durchführung von speziellen Methoden, Anleitung und Durchführung von Audits und Qualitätszirkeln. Der Qualitätsbeauftragte ist Ansprechpartner für die externe Prozessbegleitung und gemeinsam mit der Leitung repräsentiert er vor verantwortlichen Gremien die Einrichtung zum Thema Qualitätsentwicklung. Für einzelne Maßnahmen übernehmen jeweils die Bereichszuständigen/ Prozesseigner/innen die Verantwortung. Diese liegt darin, die Prozesse zu gestalten, abzustimmen, zu verbessern und Ergebnisse zu erzielen und zu dokumentieren, sowie falls notwendig weiterzureichen.

Jetzt beginnt die eigentliche Arbeit der Qualitätsentwicklung. Im Einklang mit dem Leitbild und der Qualitätspolitik müssen jetzt von den einzelnen Teams der jeweiligen Tätigkeitsbereiche bedarfs- und kundenorientierte **Qualitätsziele** erarbeitet und entsprechende Voraussetzungen für ihre Umsetzung geschaffen werden. Erforderlich sind hierfür eine klare und transparente Beschreibung der angebotenen Dienstleistungen und Angebote, die möglichst klare Festlegung der von allen Beteiligten und gesetzlich erwarteten Merkmale der jeweiligen Dienstleistungsangebote und die vorbeugende Prozesssteuerung bezüglich der Ausführung, Sicherheit und Zuverlässigkeit der Dienstleistungen. Nicht zu unterschätzen ist die Notwendigkeit der Schaffung einer kollektiven Verpflichtung zur Qualität bei allen mit der jeweiligen Tätigkeit befassten Mitarbeiter/innen und entsprechende interne Schulungsmaßnahmen, sowie die fortlaufende Überprüfung der Dienstleistungsanforderungen und Ergebnisse, um die Dienstleistungsqualität stetig verbessern zu können. Während der Erarbeitung von Qualitätszielen, an der die Mitarbeiter und in manchen Fällen auch die Nutzer beteiligt sind, gilt es Prozesse aus den einzelnen Arbeitsbereichen herauszufiltern, welche die Qualität der Dienstleistung besonders beeinflussen. Diese Prozesse werden als Schlüsselprozesse verstanden und sollten oberste Priorität besitzen. Zudem sollten für jeden Arbeitbereich überprüfbare Standards oder Messkriterien festgelegt werden.

Die **Identifikation der Schlüsselprozesse** ist bereits ein nächster Schritt im Ablaufplan. Auch die Klärung und transparente Darstellung von Prozessabläufen fällt in diese Phase als zentraler Bestandteil mit ein. Schlüsselprozesse sind besonders wichtig und bestimmend für das Erreichen der angestrebten Qualitätsziele. Sie beeinflussen erheblich die Qualität der Dienstleistung. Zu identifizieren sind sie durch einen Vergleich der angestrebten Ziele mit dem tatsächlichen Handeln, also einem Ist-Soll-Vergleich. Es gilt noch einmal Prioritäten zu setzen unter Berücksichtigung der vorhandenen Ressourcen.

Eine weitere wichtige Phase ist die **Schnittstellenanalyse**. Wichtig vor allem deshalb, weil hier mögliche Problemstellen liegen, die viele Arbeiten unwirksam machen kann. Um dies näher zu klären unterteilen wir die Schnittstellen in interne und externe Schnittstellen.

Die internen Schnittstellen finden sich bei den Übergängen in andere Arbeitsbereiche und damit einhergehende Verantwortungsübertragungen, aber auch bei den Übergängen zu anderen Hierarchieebenen. Dort treten durch mangelnde Kommunikation und Kooperation Übertragungsfehler, Verzögerungen oder einfach Kommunikationsprobleme auf. Es kommt zu Fehlinformationen oder zu gar keinen Informationsaustausch und somit sind manche Arbeitsbereiche in ihrer Arbeit blockiert. Eine Vereinfachung der internen Schnittstellen kann erreicht werden, indem die Mitarbeiter einen Blick für den gesamten Prozess entwickeln und nicht nur ihre einzelne Funktion als Mitarbeiter wahrnehmen. Eine weitere Vereinfachung ist das Schnittstellenmanagement. Hier geht man davon aus, dass Informationen Waren sind, die ein Lieferant an einen Kunden sendet. Um möglichst wenige Probleme bei der Erfüllung der Dienste zu haben, ist eine partnerschaftliche Analyse dessen notwendig, was jeder der beiden erwartet.

Externe Schnittstellen sind die zwischen Einrichtung und Nutzern, Einrichtung und Zuschussgebern oder zwischen verschiedenen Einrichtungen. Eine Vereinfachung über die Prozessorientierung ist hier nicht möglich, deshalb ist das Schnittstellenmanagement unerlässlich. Mit Hilfe von Feedback, Selbstreflexion und vor allem durch Kunden-Anbieter-Teams, welche gemeinsame Anforderungen und Erwartungen an eine Dienstleistung oder ein Produkt festlegen wird die partnerschaftliche Analyse erst möglich.

Als siebenter Schritt steht ein wichtiger Punkt, welcher ein gutes Qualitätsmanagement auszeichnet, nämlich die **kontinuierliche Verbesserung**. Man, das können interne und externe Beteiligte und Nutzer sein, erarbeitet in Workshops oder in regelmäßig stattfindenden Qualitätszirkeln Problemlösungen. Es werden Probleme aufgenommen, die schon in früheren Phasen des Qualitätsentwicklungsverlaufes aufgetreten sind und man sucht gemeinsam nach möglichen Fehlern um diese präventiv zu bearbeiten. Unter Heranziehung von anerkannten Problemlösungsverfahren, wie z. B. das Ishikawa-Diagramm oder der Fehler- Möglichkeits- und Einflussanalyse können die Ursachen für Probleme ermittelt und entsprechend korrigiert werden. Ein Nebeneffekt dieser Arbeit für die Mitarbeiter ist die Motivation und ihre Statusaufwertung, da sie an der Problemlösung und Verbesserung der Organisation beteiligt sind, was einer Erweiterung ihres normalen Arbeitsfeldes entspricht.

Alles bisher Erarbeitete und Festgelegte wird in einem **Qualitätshandbuch** dokumentiert. Dieses Verfahren ist angelehnt an die DIN ISO 9000. Das Handbuch soll aber nicht zur Bürokratisierung verwendet werden, sondern es soll für Mitarbeiter, vor allem für die Neuen zur Orientierung dienen, bei Vertrags- und Zuwendungsverhandlungen zur Entscheidungsfindung und Überzeugung aber auch für externe Qualitätsprüfungen. Dem Qualitätsaspekt der Transparenz wird mit dem Handbuch Rechnung getragen. Es verdeutlicht die Qualität der Einrichtung nach innen und nach außen. Im Handbuch enthalten sollten hauptsächlich die Schlüsselprozesse und die Schnittstellen sein. Dies ermöglicht dessen Überschaubarkeit und Bewertung. Weitere wichtige Inhalte des Handbuches sind die Beschreibung des Leitbildes der Einrichtung und der festgelegten Qualitätsziele, die Beschreibung der Aufgaben und Verantwortungsbereiche sowie die Beschreibung der Vorgabe- und Nachweisdokumente, die zugrunde gelegt werden. Der Qualitätsaspekt der Dynamik spiegelt sich in der Forderung wider, dass mindestens einmal im Jahr der Inhalt des Qualitätshandbuches überprüft werden muss und wenn notwendig verändert wird. Ein Qualitätshandbuch ist immer einrichtungsspezifisch gestaltet, aber auch einheitlich, denn das erleichtert das Lesen der Einträge. Die Pflege des Handbuches übernimmt der Qualitätsbeauftragte und Zuarbeit, besonders bei den Schlüsselprozessen, leisten ihm die jeweiligen Bereichszuständigen.

Zum Ende, aber eigentlich auch als Ausgangsbasis für den „Neustart" des Qualitätsentwicklungsprozesses stehen dann die Verbesserungsgespräche, dessen Grundlage **interne und externe Audits** sind. Durch die Überprüfung und Begutachtung, die bei internen Audits durch interne Mitarbeiter aus anderen Arbeitsbereichen und bei externen Audits durch andere Einrichtungen, Organisationen oder den Zuschussgebern durchgeführt werden, sind kritische Beurteilungen der bestehenden Strukturen und Arbeitabläufe möglich. Somit können durch veränderte Rahmenbedingungen notwendig gewordene Anpassungen vollzogen werden. Die Überprüfungen erfolgen durch einen Vergleich mit dem Leitbild und den Visionen einer Einrichtung, was deutlich macht, dass es sich hierbei um einen immer fortdauernden Kreislauf handelt. Die Koordination für die Audits übernimmt der Qualitätsbeauftragte.[34]

[34] vgl. Bobzien, M./ Stark, W./ Straus, F., 1996, S. 79-94

3. Rahmenbedingungen

Zu Beginn des folgenden Kapitels werden die gesetzlichen Grundlagen für die Kindertagesbetreuung, welche im SGB VIII verankert sind, beschrieben und erläutert.
Dann stelle ich die gesellschaftlichen Veränderungen im Hinblick auf den Familienwandel, die Position der Frau, das Bild des Kindes und die rückläufigen Geburtenzahlen dar, weil diese in Zukunft erheblichen Einfluss auf die Entwicklung und Bedeutung von Kindertageseinrichtungen haben.
Zum Schluss des Abschnittes erläutere ich die Probleme, die hinsichtlich des Kostendruckes vorhanden sind.

3.1. Gesetzliche Grundlagen

Die rechtlichen Rahmenbedingungen für die Tagesbetreuung sind im Kinder- und Jugendhilfegesetz (KJHG)[35], welches am 01. Januar 1991 (03. Oktober 1990 in den neuen Ländern) in Kraft getreten ist, festgelegt. Damit ist die Tagesbetreuung ein Teil der Kinder- und Jugendbetreuung. Im Vergleich zum Reichsjugendwohlfahrtsgesetz, bei dem die Funktion der Jugendhilfe vor allem als polizeiliche- und ordnungsrechtliche Aufgabe verstanden wurde, wird im KJHG der Funktionswandel der Jugendhilfe hin zur sozialen Dienstleistung deutlich. Vorrangiges Ziel der heutigen Jugendhilfe nach dem Gesetz ist die Förderung der Entwicklung von Kindern und Jugendlichen durch eine breite Vielfalt von Angeboten und Hilfen sowie die Unterstützung der Eltern bei der Wahrnehmung ihrer Erziehungsverantwortung. Auch die Bedeutung der Förderung von Kindern in Tageseinrichtungen hat sich verändert, denn mit dem neuen KJHG wurde der gesamte Bereich der Tagesbetreuung von Kindern einer systematischen bundesrechtlichen Regelung zugeführt.[36]
Der Gesetzgeber hat mittels des KJHG von seinem Recht der konkurrierenden Gesetzgebung Gebrauch gemacht und kann somit den gesamten Bereich der Ju-

[35] KJHG entspricht dem 8. Sozialgesetzbuch (SGB VIII)
[36] vgl. Wiesner, 1993, S.7

gendhilfe also auch den Teilbereich der Tageseinrichtungen und Tagespflege für Kinder regeln. Allerdings beschränkt er sich in diesem Bereich weitgehend auf die Grundsatzregelungen und schreibt die Konkretisierung über Inhalt und Umfang der Aufgaben durch Landesausführungsgesetze zum KJHG in § 26 vor.

Der Abschnitt über die Förderung von Kindern in Tageseinrichtungen umfasst die §§ 22-26 KJHG (siehe Anhang 5).

Wie im § 1 KJHG wird auch in der Einleitung des § 22 KJHG das Recht junger Menschen/ Kinder auf Förderung ihrer Entwicklung und auf Erziehung zu einer eigenverantwortlichen und gemeinschaftsfähigen Persönlichkeit benannt. Die Jugendhilfe soll junge Menschen in ihrer individuellen und sozialen Entwicklung fördern und dazu beitragen, Benachteiligungen zu vermeiden oder abzubauen. Das bedeutet, Chancengleichheit herzustellen.

Seit dem 01.08.1996 haben Kinder vom vollendeten dritten Lebensjahr bis zum Schuleintritt gemäß § 24 KJHG einen Anspruch auf den Besuch des Kindergartens, die Pflicht der Nutzung des Angebotes besteht jedoch nicht. Mit dem Rechtsanspruch nimmt der Kindergarten einen hervorgehobenen Platz bei der Tagesbetreuung ein. Alle anderen Betreuungsangebote sind Kann-Leistungen und können rechtlich nicht eingefordert werden. Gemeint sind die nach Bedarf vorzuhaltenden Plätze für Kinder unter drei Jahren und für Kinder im schulpflichtigen Alter, die im § 24 KJHG benannt sind. Als Aufgabe der Kindertageseinrichtungen sieht der § 22 Abs.2 KJHG die „Betreuung, Bildung und Erziehung" des Kindes vor. Somit ist Bildung für die institutionalisierte Früherziehung seit der Verankerung im KJHG 1990/91, eine Rechtsnorm. Ebenso schreibt der § 22 Abs. 2 KJHG vor, dass sich das Leistungsangebot pädagogisch und organisatorisch an den Bedürfnissen der Kinder und ihrer Familien orientieren soll. Das stellt die Grundlage für die Kunden- und Bedürfnisorientierung innerhalb eines guten Qualitätsmanagementsystems dar. Als weiterer Standard von Qualität gilt der in § 22 Abs. 3 KJHG festgelegte Aspekt der Zusammenarbeit der Mitarbeiter einer Einrichtung mit den Erziehungsberechtigten. Fachliche Forderungen, wie die Ausrichtung der pädagogischen Konzeption oder organisatorische Bestimmungen werden hierdurch rechtsverbindlich. Die veränderbaren Bedürfnisse, die mit dem gesellschaftlichen Wandel einhergehen und welche sich wiederum auf die Lebensbedingungen der Kinder auswirken, sollen beachtet werden. Dem zu Folge ist eine immer wieder durchzuführende Neubestimmung der Aufgaben von Tagesbetreuung notwendig.[37]

Andere Qualitätskriterien finden sich in den §§ 6 und 8 des KJHG, denn diese schreiben eine Berücksichtigung des Wunsch- und Wahlrechtes der Eltern, sowie die Beteiligung von Kindern und Jugendlichen an allen sie betreffenden Entscheidungen vor.

Durch Schaffung des § 78 a-c KJHG wurde der Qualitätsdiskussion ein Schub verliehen. Die Länder können gemäß § 78 (2) KJHG auf vertragliche Vereinbarungen zwischen Träger der öffentlichen Jugendhilfe und freien Träger bestehen. Diese Vereinbarungen beziehen sich vor allem auf die Leistungen, dem Entgelt und der Qualitätsentwicklung.

Der § 26 KJHG verweist darauf, dass Näheres zu Inhalt und Umfang der Aufgaben und Leistungen der Kindertagesbetreuung vom Landesrecht geregelt wird. Damit hat der Gesetzgeber bewusst auf eine bundesweit geltende Definition verzichtet, die geregelt hätte, welchen Umfang und welche Qualität das Angebot des Kindergartenplatzes haben sollte.[38]

3.2. Gesellschaftliche Veränderung

3.2.1. Wandel der Familien

Wenn die Fachkräfte in Kindertageseinrichtungen familienergänzend und – unterstützend arbeiten wollen, benötigen sie allgemeine Informationen über die Familien von heute, deren Struktur, Formen und Probleme, weil nur so ein Verständnis für die Familienverhältnisse der Kinder, die sie betreuen, entstehen kann. Zudem ist die Kenntnis über Situationen der Familien von heute wichtig, um die Familien der Kindergartenkinder nicht am persönlichen Familienbild zu messen. Zu schnell werden ansonsten Familienverhältnisse, die nicht den persönlichen

[37] vgl. DJI, 1998, S.22 ff.
[38] vgl. BMFSFJ, 10. Kinder- und Jugendbericht, Bonn 1998, S. 195

Vorstellungen entsprechen als negativ beurteilt, obwohl diese den Kindern durchaus auch positive Entwicklungsbedingungen bieten können.[39]
Aufgrund der Bevölkerungs- und Geburtenrückgänge wachsen immer mehr Kinder als Einzelkinder auf. 24,3 % der Minderjährigen in Deutschland haben keine Geschwister.[40] Das allein wäre ja nicht so problematisch, wenn es in den Nachbarschaften Spielkameraden gleichen Alters geben würde, aber selbst das ist mit der Möglichkeit der Geburtenkontrolle zu einer Seltenheit geworden. Auch wenn Gleichaltrigengruppen in Betreuungseinrichtungen keinen Ersatz für Geschwisterbeziehungen bieten, ergänzen sie die Sozialerfahrungen für alle Kinder. So brauchen Kinder mit Geschwistern die Gleichaltrigengruppe und Kinder ohne Geschwister Kontakte zu älteren und jüngeren Kindern, um ähnliche Erfahrungen wie in Geschwisterbeziehungen zu machen.[41]
Hinzu kommt, dass mit dem einhergehenden Geburtenrückgang die Nachfrage nach Kindergartenplätzen weiterhin sinken wird. Aufgrund der finanziellen Sparkurse in der Sozialpolitik, von denen vermehrt die Kindertageseinrichtungen betroffen sein werden, wird es eher unwahrscheinlich sein, dass das Angebot von Krippen- und Hortplätzen dem Bedarf angeglichen wird. Der Wettbewerb um die Kinder im Kindergartenalter wird weiterhin zunehmen und erfordert von den Einrichtungen ein engagiertes Qualitätsmanagement.

Die Rolle der Frau hat sich verändert. Selbstständigkeit, Unabhängigkeit und Emanzipation sind Begriffe, die das Bild der Frau von heute beschreiben. Die Zahl der erwerbstätigen Frauen und Mütter hat sich in den letzten Jahren bedeutend erhöht. Die Zahl der erwerbstätigen Frauen liegt in der Bundesrepublik bei 40 %, was im Gegensatz zu 1970 eine Steigerung von 10 % bedeutet, wobei man anmerken muss, dass sich die Zahl von 1970 auf die alten Bundesländer bezieht. Auch die Erwerbstätigkeit von Müttern hat sich erhöht. In den westlichen Bundesländern waren es 1972 knapp 39 % der Mütter von minderjährigen Kindern, die einer Arbeit nachgingen. Im Jahr 1997 waren es bereits 54 %. Nimmt man aber Ost- und Westdeutschland zusammen, ist die Prozentzahl der berufstätigen Mütter mit Kindern unter 15 Jahren sogar noch höher, nämlich 57,3 %.[42] Weil immer

[39] vgl. Textor, M. Familialer Wandel: Entwicklungstendenzen und Auswirkungen
[40] BMFSJ, Kinder- und Jugendhilfe, 2000, S. 12
[41] vgl. BMFSFJ, 1999, S. 130
[42] vgl. Rauschenbach, Th. 2000, S. 178

mehr Eltern den Wunsch haben, die Erwerbs- und Familienarbeit in Einklang zu bringen, sind zuverlässige Tagesbetreuungsangebote von Nöten.
Heute werden Kinder schon frühzeitig mit Veränderungen ihrer Lebenssituation konfrontiert, was für sie in jedem Fall eine zusätzliche Herausforderung, oft aber auch eine Belastung darstellt. Zum einen tragen die von der Wirtschaft geforderten Eigenschaften Mobilität und Flexibilität im Erwerbsleben zu häufigen Wohnortwechsel der Eltern bei. Das bedeutet für die Kinder einen kompletten Umgebungswechsel, welcher einhergeht mit der Neugewöhnung an andere Kinder. Noch einschneidender in die Entwicklung von Kindern wirkt sich eine Scheidung der Eltern aus. Fast 30 % der geschlossenen Ehen werden wieder geschieden.[43] Gründe für die hohe Scheidungsrate liegen vor allem darin, dass Familien einen Teil ihrer Funktionen, wie zum Beispiel die Versorgung der Familie nur durch den Ehemann, verloren haben. Die Vermittlung von kulturellen Inhalten und Werten findet immer weniger in der Familie statt. Durch die Trennung von Arbeitsplatz und Familie wissen einige Familienmitglieder meist nicht was die anderen beruflich tun. Die Familie ist heute für Geborgenheit, Ruhe, Zuwendung und Entspannung zuständig. Bedenkt man die Kürzung der Wochenstunden, in denen man erwerbstätig ist, weiß man, dass die freie Zeit, die die Familie miteinander verbringen kann an Umfang zugenommen hat. Ebenso der Fall ist es, wenn ein oder beide Elternteile arbeitslos sind. Die in der Zahl stets ansteigenden Freizeitangebote in unserer Gesellschaft sind mit nur wenigen Ausnahmen meist kommerziell ausgerichtet. Hier können Familien ihre Freizeit verbringen, wenn sie das nötige Geld dafür besitzen. Fehlen Familien mit geringem Einkommen, welche sich die kommerziellen Freizeitangebote nicht leisten können, die Alternativen, um gemeinsam mit der Familie etwas zu unternehmen, kommt es häufig zu ersten Problemen. Die Kinder sind unzufrieden, die Eltern ebenso mit sich selbst, es kommt zu Spannungen. Ein allgemeiner Verlust an Wertvorstellungen und die durch Medien produzierte Konsumorientierung führt zu weiteren Spannungen.
Heute sind die Eltern so sehr mit sich beschäftigt, immer auf dem Weg ihrer Selbstverwirklichung, dass kaum Rücksicht auf andere Familienangehörige genommen wird. Die Familien sind heute zerbrechlicher als früher. Partnerschaftskonflikte und Trennung der Eltern bringen für die Kinder immer gravierende Belastungen mit sich. Die Situation, dass Kinder nur bei einem Elternteil aufwachsen

---

[43] vgl. BMFSFJ, 1999, S. 130

ist durchaus kein neues Phänomen. Neu sind nur die Ursachen für die Alleinerziehung. Früher waren es Gründe, wie der frühzeitige Tod eines Elternteils und heute sind es die Scheidungen. Das Auseinanderbrechen einer Familie durch Scheidung ist für Kinder schwerer zu verarbeiten als der Verlust eines Elternteils durch Tod.[44] Begründet liegt das darin, dass einer Scheidung eine lange Phase der Konflikte und Entfremdung voraus geht, was mit vielen Auseinandersetzungen verbunden ist. Weiterhin wird durch die zusätzliche Belastung der Eltern und Kinder die Erziehungsleistung der Familie beeinträchtigt. Zudem besteht die Gefahr des Fortbestehens von Konflikten und pathogenen Beziehungen, da der nicht mit den Kindern zusammenlebende Elternteil weiterhin existiert, was mit unter auch zu Problemen in nachfolgenden Stieffamilien führt. Eine Scheidung kann den Kindern aber auch einen Gewinn bringen, weil dadurch befriedete Familienverhältnisse entstehen oder neue soziale Beziehungsnetze eröffnet werden können. Als Voraussetzung gilt dabei, dass sich die Eltern den Bedürfnissen ihrer Kinder verpflichtet fühlen.

Kindliche Grundbedürfnisse, wie zum Beispiel das Bedürfnis nach sozialen Beziehungen oder Zuwendung werden aufgrund der „modernen" Lebensformen von Familien zum Teil nur noch unzureichend erfüllt. Die Familien sind immer seltener in der Lage, aus sich heraus die Rahmenbedingungen für eine altersgemäße Entwicklung zur Verfügung zu stellen, sei es durch Mittelarmut oder Zeitmangel oder andere Probleme. Dazu kommt, dass Spiel- und Erfahrungsräume, welche Kinder für die Entwicklung brauchen, im Zuge der Verstädterung der Wohnumfelder immer weiter verloren gingen. Deshalb müssen zunehmend Orte bewusst gestaltet und organisiert werden, um den Kindern Möglichkeiten zu geben, in denen sie ihren natürlichen Bewegungsdrang ausüben, Umwelt und Natur erleben können, auf andere Kinder zu treffen, um soziale Verhaltensweisen unter Gleichaltrigen zu erlernen und zu praktizieren.[45]

Weitere Veränderungen, die im Laufe der Zeit stattgefunden haben, sind die Autonomie der Familie, das Bild vom Kind und die damit einhergehenden Erziehungsziele. Familien sind in der heutigen Zeit nicht mehr so stark eingebunden in das Gefüge ihrer Herkunftsfamilien. Das bedeutet nicht, dass es keine Unterstüt-

[44] vgl. Textor, M. R.: Familialer Wandel: Entwicklungstendenzen und Auswirkungen
[45] vgl. Netzwerk für örtliche und regionale Familienpolitik, Hannover 2000, S. 1

zungen und Bindungen gibt, aber die jungen Familien lassen sich nicht mehr so sehr reinreden und kontrollieren. Hinzu kommt der Bruch mit der Erziehungstradition ihrer Eltern bei fast der Hälfte der Erwachsenen, wodurch es natürlich an Orientierungsmaßstäbe fehlt.[46] Das bedeutet jedoch nicht eine völlige Orientierungslosigkeit der Eltern in Erziehungsfragen, denn diese stehen ihren eigenen Erziehungsbemühungen kritischer gegenüber als das in älteren Generationen der Fall war. Es gibt eine Vielzahl von miteinander konkurrierenden Erziehungszielen und Erziehungsstilen, die den Wertepluralismus der Gesellschaft widerspiegeln. Lediglich führt diese Vielzahl zu einer Verunsicherung der Eltern. Die Familienmitglieder können ihren Lebenslauf selbst gestalten und individuell gestalten. Nur noch sehr selten findet man patriarchalische Familienstrukturen. In der Gegenwart bestimmen Partnerschaft und Mitbestimmung das Zusammenleben in einer Familie. Zum einen ist das Verhältnis zwischen Mann und Frau gleichberechtigt und nicht mehr vom Mann dominiert. Zum anderen haben die Eltern auch einen Teil ihrer Autorität gegenüber den Kindern verloren. Diese sind in den letzten 150 Jahren immer mehr in das Zentrum der Familie gerückt und beanspruchen immer mehr Zeit, Energie und Geld. Ihre Einzigartigkeit wird anerkannt und man räumt ihnen mehr Individualität ein. Selbst kleineren Kindern werden Mitbestimmungsrechte über Familienaktivitäten eingeräumt. Sie dürfen ihre Meinungen frei äußern, haben mehr Entscheidungsfreiheiten in Bezug auf Kleidung, Essen und Freizeit. War früher die Zeugung der Kinder die zentrale Aufgabe der Familie, ist es in der Gegenwart die Sozialisation der Kinder. Insbesondere betrifft dies die Vorbereitung auf die Schule, die Förderung schulischer Leistungen und die Befähigung zum Leben in einer hochkomplexen Gesellschaft. Erziehungsziele, welche sich heute etabliert haben sind zum Beispiel Selbstständigkeit, Mündigkeit, Verantwortungsbewusstsein und Toleranz. Die Erziehung ist weniger geschlechtsspezifisch geworden, und ein gesellschaftsuntypisches Verhalten der Kinder wird von den Eltern eher akzeptiert als noch vor einigen Jahren. Die Eltern stellen an sich als Erzieher ihrer Kinder höhere Ansprüche und denken mehr über Erziehung nach. Auch sind die Anforderungen und Erwartungen an familienergänzende Kinderbetreuungseinrichtungen gestiegen. Die Gesellschaft ist heute auf dem Erkenntnisstand, dass Kinder von Geburt an lernfähig sind. Der Sachverständigenrat Bildung geht sogar noch weiter. Er behauptet, dass Menschen in der frühen Kind-

[46] vgl. Textor, M. R. Familialer Wandel: Entwicklungstendenzen und Auswirkungen

heit die größten Schritte in ihrer Entwicklung machen, und dass die Lernfähigkeit im Laufe des Lebens nie wieder so ausgeprägt sein wird, wie in dieser Lebensphase.[47] Altersgemäße entwicklungspsychologische Aspekte, die für eine Bildung bereits im Kindesalter sprechen, sind ihr natürlicher und aktiver Entwicklungsdrang, die kindliche Neugier und Entdeckungsfreude. Die Wissbegier, die Entwicklung des logischen Denkens sowie das selbstinitiierte Gedächtnistraining sind wesentliche Bestandteile der altergemäßen Entwicklung. „Auch ohne das Zutun von Erwachsenen oder von Bildungsinstitutionen befinden sich Kinder, sofern sie daran nicht gehindert werden, in einem stetigen Lern- und Entwicklungsprozess; immer wieder suchen sie nach Herausforderungen in der Auseinandersetzung mit ihrer menschlichen und dinglichen Umwelt."[48] Die Kinder wollen Erfahrungen sammeln, Wissen und Fähigkeiten erwerben und ihr Können erweitern. Ihre Offenheit für die Natur und ihre Umwelt, für Leben und Sterben, für individuelle Betätigung und Gruppenaktivitäten, für die eigene und fremde Kultur muss verstanden und akzeptiert werden. Hier sind Angebote gefragt, die es den Kindern ermöglichen ihre Ideen zwanglos umsetzen zu können, zu toben und zu ruhen, bei denen sie mitbestimmen können. Von den pädagogischen und räumlichen Angeboten hängt es ab, ob Kinder zum eigenständigen Denken angeregt werden oder ob sie gelangweilt in einer Ecke sitzen.

Ein Wandel ist also unverkennbar und damit die Kindertageseinrichtungen familienunterstützend und familienergänzend tätig werden können, ist eine Kenntnis über die Entwicklungstendenzen notwendig. Die Kindertagesbetreuung kann dann viele der sich negativ auswirkenden Veränderungen zum Teil auffangen und kompensieren. So können beispielsweise Defizite im Bereich der sozialen Erziehung von Einzelkindern aufgeholt werden. Durch Besuche an den Arbeitsplätzen der Eltern kann den Kindern ein Eindruck von der Arbeitswelt verschafft werden. Der Kindergarten kann die Kinder in die Welt der Märchen, Überlieferungen und Gebräuche einführen, ebenso wie deren religiöse Erziehung unterstützen und somit dem Verlust der kulturellen Erziehung in der Familie entgegentreten. Probleme, die in Folge von Scheidungen oder Trennungen der Eltern auftreten können minimiert werden und ferner kann den Eltern der Austausch über Erziehungsfragen und damit verbundene Probleme ermöglicht werden. Vor allem die Zusammenarbeit mit den Eltern erfordert zusätzliche Qualifikationen von den Fachkräf-

---

[47] vgl. Sachverständigenrat Bildung bei der Hans-Böckler-Stiftung, Juni 2001, S. 6

[48] zit. Sachverständigenrat Bildung bei der Hans-Böckler-Stiftung, Juni 2001, S. 10

ten, die im Rahmen des Qualitätsmanagement bestimmt werden können. Ein funktionierendes Qualitätsmanagement ist auch notwendig für die Analyse der Problemlagen der Familien und Kinder, sowie zur Erstellung von Lösungswegen und Maßnahmen, die das Team ergreifen kann, um negative Folgen zu verhindern. Im Allgemeinen wird die Kindergartenpraxis als verbesserungswürdig angesehen, da sie mit den oft dramatisch empfundenen und rasant verlaufenden gesellschaftlichen Veränderungsprozessen, die ich oben benannt habe, nicht Schritt halte.[49]

3.2.2. Finanzlage der Kommunen

Mit dem Rechtsanspruch auf einem Kindergartenplatz hat die Bundesregierung den quantitativen Ausbau der Kindergartenplätze gefordert, welcher finanziell zu Lasten der Kommunen geht. Mittlerweile jedoch steht dem großzügigen Platzangebot der kontinuierliche Geburtenrückgang gegenüber, was dazu führt, dass sämtliche Einrichtungen um die Kinder wetteifern. Die Konkurrenz wächst zwischen den Einrichtungen und den Trägern, wobei die Qualität eine entscheidende Rolle spielt, um sich gegen die Konkurrenz zu behaupten.[50]

Ohne dass den Kommunen finanzielle Mittel zur Verfügung gestellt wurden, gab es immer wieder neue Leistungsverpflichtungen von Bund und Länder an die Gemeinden. Der Ausbau von Kindergartenplätzen ist eine der am meisten gravierenden Zumutungen, denn er bewirke nicht nur ein Ansteigen im investiven Bereich, sondern stelle auch wegen der laufenden Betriebskosten, welche auch gestiegen sind, eine dauerhafte Überlastung der kommunalen Haushalte dar. Mit Einsetzen der ersten Finanzprobleme ist der Rechtsanspruch immer wieder Gegenstand politischer Auseinandersetzungen zwischen Bund, Länder und Gemeinden. Letztere fordern von den Ländern und dem Bund Hindernisse für flexible Lösungen und notwendige Übergangsmaßnahmen zur Umsetzung des Rechtsanspruches zu beseitigen. Gemeint sind vor allem die rechtlichen Vorgaben und bindende Standards der Länder, wie Personalvorgaben, Bauliche Standards, Einrichtungsstandards und Gruppengrößen.[51] Selbst unter Anerkennung der Zuschüsse

---

[49] vgl. Koppold, G. , Anmerkungen zur Qualitätsdiskussion in Kindertagesstätten, 1999
[50] vgl. KGST, 2/2001, S. 9 f.
[51] vgl. BMFSFJ, 10. Kinder- und Jugendhilfebericht, 1998, S. 196

der Länder fordern die Kommunen eine stärkere Kostenbeteiligung bei den Investitionen und zu den laufenden Kosten für die Kindertageseinrichtungen. Von den Ländern werden derzeit maximal 25 % der Investitionskosten für Tageseinrichtungen und im Durchschnitt nicht mehr als 20 % der laufenden Ausgaben gedeckt. Außer Hamburg haben alle Bundesländer den Landesrechtsvorbehalt des § 26 KJHG in Anspruch genommen und entsprechende Ausführungsgesetze geschaffen. Im Rahmen ihrer Regelungskompetenz haben sie sich bemüht, Finanzfragen zu klären. Bisher hat es die Bundesregierung erfolgreich geschafft, sich aus der Kostenbeteiligung herauszuhalten. Zum einen, weil es keine gesetzliche Grundlage gibt, denn das Grundgesetz schreibt vor, dass die Finanzierungslast der Verwaltungszuständigkeit zugeschrieben wird und nicht der Gesetzgebungskompetenz. Geschaffen wird eine solche rechtliche Grundlage auch nicht werden, denn der Bund beruft sich dabei auf die ausdrückliche Zustimmung der Länder zum Rechtsanspruch auf einen Kindergarten. Hinzu kommt, dass die Bundesregierung glaubt, mit der Erhöhung des Umsatzsteueranteils von 37% auf 44 % ab 1995, alles ihr Möglichen getan zu haben, um den Rechtsanspruch zu gewährleisten. Auch appelliert sie an die Kommunen, dass sie ihrer Pflichtaufgabe durch Änderung der kommunalen Schwerpunktsetzungen und durch konsequente Jugendhilfeplanung nachkommen solle.[52]

Beachtet man die Forderungen, die vor allem jetzt auch wieder sehr aktuell sind durch die PISA- Studie, nach Gleichberechtigung und Chancengleichheit, lässt sich ein Widerspruch an sich feststellen. Denn es ist die Bundesregierung, die Chancengleichheit für alle fordert, die Chancen der Kleinkinder aber davon abhängig macht, wie viel Finanzkraft eine Kommune zu Verfügung hat.

Ebenso Aspekte, wie die Förderung von Begabten und Benachteiligten sind zusätzliche Ausgaben, die den Kommunen zur Last fallen.

Im Zusammenhang mit diesen Problemen haben Gewerkschaften und Parteien bereits Überlegungen angestellt, die für eine Verfassungsänderung plädieren. Die Änderungsvorschläge gelten für die §§ 91 und 104a IV GG. In ihnen werden die Gemeinschaftsaufgaben von Bund und Länder, sowie die Finanzhilfen des Bundes für bedeutsame Investitionen der Länder und Gemeinden geregelt. So könnten in die Aufzählung der Gemeinschaftsaufgaben der Bau von Kindertagesstätten aufgenommen und die Investitionen in die Einrichtungen wegen der damit verbunde-

[52] vgl. BMFSFJ, 10. Kinder- und Jugendbericht, 1998, S. 196

nen verbesserten Infrastruktur unter das Förderungsziel des wirtschaftlichen Wachstums subsumiert werden. Anzuführen ist hier noch, dass Kinder für die Gesellschaft unentbehrlich sind, denn mit ihnen wird die Zukunft gestaltet. Sie sollen Erwartungen erfüllen im wissenschaftlichen, wirtschaftlichen und sozialem Bereich, und um diesen Erwartungen nachzukommen, sollte entsprechend in sie investiert werden und nicht wie es in Deutschland der Fall ist, immer mehr als Problem angesehen werden. Das Sprichwort „Was Hänschen nicht lernt, lernt Hans nimmer mehr" - oder nur sehr schwer, enthält eine Weisheit, die sich die heutige politisch aktive Gesellschaft einmal vor Augen führen sollte. Kinder sollen am Besten nicht viel kosten, nicht viel fragen und nur niedlich sein. Wenn dann aber Leistungen gefordert werden, wundert sich die Gesellschaft, wenn nur wenige Kinder diese Leistungen vollbringen können. In den Kindergärten haben die Erzieherinnen häufig bis zu 25 Kinder, deutlich über den von der Europäischen Kommission geforderten Personalspiegel liegend, zu betreuen, was von den immer knapper werdenden Mitteln abhängt. In den nächsten Jahren wird sich die Kinderzahl, wie schon erwähnt deutlich verringern. Aber das bedeutet nicht, dass die Gruppen dann kleiner werden, eher werden die Fachkräfte entlassen und der Personalspiegel bleibt erhalten. Unter diesen Arbeitsbedingungen ist es den Fachkräften kaum möglich, sich mit jedem Kind in dem Maße zu beschäftigen, wie es dieses benötigt. Benachteiligungen, die zum Beispiel aufgrund der sozialen Herkunft bestehen und nach dem § 1 KJHG zum Aufgabenbereich der Kinder- und Jugendhilfe gehören, können nur unzureichend kompensiert werden. Vor allem Sprachdefizite sollten relativiert werden, denn diese sind eine Kompetenz, die als Schlüssel für alles andere Wissen erforderlich ist.

Ebenso erforderlich wie ein adäquater Personalschlüssel ist die entsprechende Ausbildung des Fachpersonals, um mit 25 Kindern in einer Gruppe arbeiten zu können.

Seitens der Kostenträger wird von den Kindertagesstätten auch ein effizienter Einsatz der Mittel verlangt, um mit weniger Geld und / oder Personal bzw. einer anderen Personal/Kinder-Relation die gleiche oder bessere Qualität zu produzieren. Die Kommunen verlangen von den Kindertageseinrichtungen eine optimierte Kosten/Nutzen-Relation. In der Praxis heißt das, die Qualität bei gleichen Mitteln zu steigern, oder bei sinkenden Mitteln die Qualität zu erhalten.[53]

---

[53] vgl. KGST, 2/2001, S. 9

Fazit

Gegenwärtig stehen wir vor gesellschaftlichen Veränderungen auf unterschiedlichsten Ebenen. Merkmale des gesellschaftlichen Wandels sind vor allem, die veränderten Familienstrukturen, veränderte Organisationsformen in der Wirtschaft und Arbeitswelt, internationale Mobilität und kulturelle Vielfalt, sich ändernde Kommunikationsformen durch informationstechnologische Entwicklung, die wachsende Kluft zwischen Armut und Reichtum und vieles mehr.[54]

Unsere Welt von heute ist in hohem Maße kulturell divers und sozial komplex geworden. Sie ist gekennzeichnet durch gewollte Pluralität, durch Unsicherheit, Brüche und Übergänge, durch hohe Subjektivität, unterschiedliche perspektivische Realitäten, zeitliche und räumliche Besonderheiten werden als reichhaltige Quellen von Möglichkeiten bejaht. Nicht mehr die Grundwerte Freiheit, Gleichheit, Brüderlichkeit haben vorrangige Bedeutung, sondern Freiheit, Diversität und Toleranz[55] Da Bildung und Erziehung in einer Gesellschaft soziale Konstruktionen sind, welche sich bei Wandlungen der gesellschaftlichen, sozialen und kulturellen Bedingungen ebenfalls weiter entwickeln und anpassen sollten, stehen wir vor notwendigen Reformationen. Und weil sich in Deutschland nur sehr langsam etwas auf Bundesebene tut, sind die Einrichtungen auf internes Qualitätsmanagement als Motor für Veränderungen angewiesen, wenn sie dem gesellschaftlichen Wandel standhalten wollen. Bei Umsetzung von Vorschlägen des Forum Bildung und des Institut für Frühpädagogik, die in Richtung Umstrukturierung des Systems gehen und einen für alle Einrichtungen verbindlichen Bildungsplan fordern, sind Qualitätsmanagementsysteme weiterhin notwendig, denn der Bildungsplan soll recht breit gefächert sein und im Grunde Rahmenbedingungen aufzeigen, die den Fachkräften zur Orientierung und Unterstützung ihrer pädagogischen Arbeit dienen, wie auch zur Definitionen von Qualitätsstandards für die pädagogische Arbeit behilflich sein.

---

[54] vgl. KGST, 2/2001, S. 9

[55] vgl. Prof. Dr. W. E. Fthenakis: Statement, 19.12.2001, München

3.3. Die politischen Rahmenbedingungen im Vergleich zu den Zielen der Europäischen Kommission[56]

Eine Analyse der einzelnen Länderregelungen zur Kindertagesbetreuung und deren Vergleich untereinander sind Bestandteil dieses Abschnittes. Des Weiteren soll überprüft werden, welche Standards und damit verbundenen Anforderungen an die Einrichtungen vorgegeben sind, welchen Herausforderungen das Personal der Einrichtungen gegenüber steht. Als Orientierung dienen hier die Qualitätsziele der Europäischen Kommission und die gesetzlichen Vorgaben des SGB VIII. Außer Hamburg liegt von allen Bundesländern ein Ausführungsgesetz zum KJHG vor. Hamburg hat im Rahmen eines Info-Systems Orientierungshilfen verfasst. Diese geben ebenso, wie die Ausführungsgesetze einen Rahmen für die Kindertagesbetreuung für Kinder bis 14 Jahre vor, nur dass diese nicht in einem gesetzlichen Text verfasst sind. Bayern und Baden-Württemberg verfügen über sehr betagte Gesetze, die im Grunde den Zielen der Europäischen Kommission nicht entsprechen können, da diese Ziele erst zu einem späteren Zeitpunkt ausformuliert worden sind.

Das Netzwerk Kinderbetreuung der Europäischen Kommission hat einzelne Ziele, wie bereits in Abschnitt 1.1.6. benannt, in primere Qualitätsziele unterteilt. Jedes der Primärziele beinhaltet mehrere Teilziele, insgesamt 40 an der Zahl, welche bereits im Jahr 1996 von der Organisation ausformuliert wurden. Dem hinzuzufügen wäre, dass in der Vorarbeit ein erster Entwurf des Programms von den Mitgliedern des Netzwerkes an mehr als 3000 internationale, europäische, regionale und lokale Institutionen verschickt wurde und deren Stellungnahmen dazu in der Endfassung eingearbeitet wurden. Im Rahmen eines zehnjährigen Aktionsprogramms sollen diese notwendigen und auch durchführbaren Ziele von allen Mitgliedstaaten der Europäischen Union bis zum Jahr 2006 umgesetzt werden. In wie weit die Umsetzung in anderen EU-Ländern außer Deutschland fortgeschritten ist, vermag ich im Rahmen dieser Arbeit nicht auszusagen, jedoch für Deutschland kann ich eine Aussage treffen, die nachfolgend mit Hilfe eines Vergleichs der

---

[56] vgl. Textor, M.: NDV, Heft 1/1999, S. 17 - 24

Ziele der Europäischen Kommission mit den Länderregelungen der Bundesländer dargestellt wird. Motive für das Aktionsprogramm waren der bedarfsgerechte Ausbau der Kindertagesbetreuung, die Angleichung der Standards im Staatenbund und vor allem die Verbesserung der Qualität der Betreuung. Die primären Aufgaben des Programms sind die Steigerung der politischen Aufmerksamkeit für die Bedürfnisse von Familien und Kindern sowie das Heranführen an eine gesamtgesellschaftliche Diskussion über Philosophie, Ziele, Methoden und Praxis der Fremdbetreuung. Eine sinngemäße Wiedergabe der Ziele soll den Vergleich erleichtern und im Anhang können die Ziele genau nachgelesen werden.

3.3.1. Ziele in Bezug auf den politischen Rahmen

Zum ersten fordert das Netzwerk Kinderbetreuung der Europäischen Kommission, dass in allen Mitgliedsstaaten der Europäischen Union auf nationaler Ebene eine Abteilung benannt wird, welche direkt oder indirekt die Verantwortung für die Umsetzung der Politik übernimmt. Diese Zuweisung von Verantwortung sollte parallel auch auf die regionale Ebene verteilt werden. Im Aufgabenbereich der Regierung liegt nun, ein Programm zu erstellen, welches die Umsetzung der Politik garantiert. Dafür sollten entsprechenden Vorgehensweisen, Ziele und vorhandene Ressourcen dokumentiert werden. Mit Hilfe eines gesetzlichen Rahmen, welcher auch von dieser Abteilung geschaffen werden muss und welcher sicherstellt, dass die erarbeiteten Ziele in einer bestimmten Zeit erfüllt und überprüft werden, sollte auch die Zuständigkeit der regionalen Regierungen geklärt werden. In der Organisation sollte eine Infrastruktur geschaffen werden, ebenfalls parallel zu den regionalen Organisationen, die sich in verschiedene Systeme untergliedert. Gefordert werden hier vor allem ein Planungs- und Aufsichtsamt, ein Amt zur Überprüfung, ein Amt für Aus- und Weiterbildung und eines für Forschung und Einrichtungsentwicklung. Nur unter diesen Voraussetzungen kann die Versorgung mit qualitativ hochwertigen Kindertageseinrichtungen sichergestellt werden.

Deutschland

Auch in Deutschland hat man jetzt erkannt, welche Folgen schlechte Rahmenbedingungen und unzureichende, von Kommune zu Kommune variierende Qualitätsstandards haben. In Folge der PISA-Studie müssen endlich auch die Politiker erkennen, was viele Bildungswissenschaftler, wie z. B. die Vorsitzende der Gewerkschaft für Erziehung und Wissenschaft (GEW) Eva-Maria Stange schon vor einigen Jahren erkannten. In Deutschland müssen die Bedingungen für Bildung und Erziehung neu überarbeitet werden, und es muss eine eigenständige Institution geschaffen werden, die sich mit den gesamten Belangen der Bildung befasst. Ebenfalls dazu gehört die Auseinandersetzung mit dem Bildungsauftrag in Kindertageseinrichtungen. Vor fast 30 Jahren hat der Deutsche Bildungsrat den Kindergarten als Teil des Bildungswesens anerkannt. In der DDR war er es ohnehin. 1990/91 wurde der Bildungsauftrag des Kindergartens im Kinder- und Jugendhilfegesetz (KJHG) festgeschrieben. Trotz dieser gesetzlichen Verankerung gibt es von der Politik keine echten Bemühungen, die Tageseinrichtungen für Kinder enger an das Bildungswesen anzugliedern. Betreuung und Versorgung haben immer noch Vorrang vor Bildung. Dies wird den Erkenntnissen der frühkindlichen Pädagogik und der Entwicklungspsychologie nicht gerecht.[57] Jetzt fordert aber selbst der Bundeskanzler, Gerhard Schröder, in seiner Rede vom 27.06.2002, als Reaktion auf PISA das Überdenken des Bildes vom Kind und die Akzeptanz der Tatsache, dass Kinder bereits mit drei Jahren bildungsfähig sind. Er stellt auch fest, dass die Erziehung in Kindergärten und Vorschulen in der Bundesrepublik bisher zu wenig als Bildungsauftrag begriffen worden ist.[58]

Als Reaktion auf die PISA – Studie wurde von der Bundesministerin für Bildung, Edelgard Bulmahn gefordert, nationale Bildungsstandards zu schaffen. In ihrem 5-Punkte-Programm wird jedoch nicht deutlich, dass die Bildungsstandards auch für den Elementarbereich geschaffen werden müssen, was aber von der Familienministerin gefordert wird. Auch wird von der Bundesregierung ein zusätzlicher Etat von 4 Milliarden Euro zur Verbesserung des Bildungssystems versprochen.

Von der Familienministerin Sabine Bergmann heißt es in einer Pressemitteilung, „Der Bund unterstützt künftig die für die Kinderbetreuung zuständigen Länder und Kommunen, indem wir ein ‚Zukunftsprogramm Bildung und Betreuung' mit

[57] vgl. Gewerkschaft Erziehung und Wissenschaft (GEW), 2002a

[58] vgl. Bundeskanzler Schröder, G., 27.06.2002

4 Mrd. Euro für den Ausbau der Ganztagsbetreuung auflegen“[59] Da diese Worte vor der Erklärung des Bundeskanzlers ausgesprochen worden sind und auch bevor Frau Bulmahn ihr 5-Punkte-Programm eröffnete, welches ausschließlich auf den Ausbau und die Reformierung der Schulen gerichtet ist, werde man sich überraschen lassen müssen, wohin nun genau die Gelder fließen werden.

Die Familienministerin hat sich bereits um die Entwicklung von bundesweit geltenden Qualitätsstandards bemüht. Auf Anregung von ihr wurde die „Nationale Qualitätsinitiative“ gegründet, an der sechs Forschungsinstitute und 10 Bundesländer beteiligt sind.

Eine Kooperation zwischen dem Bildungsministerium und dem Familienministerium schein die beste Lösung und unabdingbar zu sein, wenn dem Bildungsauftrag, der auch im SGB VIII verankert ist, Rechnung getragen werden soll.

Des Weiteren beschäftigen sich derzeit zahlreiche Organisationen, an denen Fachkräfte aus allen Bereichen, z. B. Wissenschaft und Forschung, Politik, Praxis der Kindertagesstätten und Jugendämter beteiligt sind, mit der Ausarbeitung von Standards, Zielen und neuen Herausforderungen. Zu ihnen zählen unter anderem die schon genannte Gewerkschaft Erziehung und Wissenschaft (GEW), das Sozial Pädagogische Institut (SPI), das Institut für Frühpädagogik (IFP), die Bundesarbeitsgemeinschaft der Landesjugendämter (BAGLJÄ) und das Forum Bildung. Es fanden in den letzten Jahren vermehrt Konferenzen zu dem Thema Kindertagesbetreuung statt, wobei zu sagen wäre, dass die Fachleute sich hauptsächlich auf internationale Studien konzentrieren, denn in Deutschland selbst gibt es bisher nur drei entscheidende Untersuchungen, die sich mit dem Elementarbereich befasst haben. Zum ersten wäre das das Projekt „Neue Konzepte für Kindertageseinrichtungen: eine empirische Studie zur Situations- und Problemdefinition der beteiligten Interessengruppen“, welches von Anfang 1993 bis Herbst 1995 in den Ländern Bayern, Brandenburg und Nordrhein-Westfahlen durchgeführt wurde. Eine weitere Studie von 1998 ist die von Wolfgang Tietze u. a. mit dem Thema „Wie gut sind unsere Kindergärten? Eine empirische Untersuchung zur pädagogischen Qualität in deutschen Kindergärten.“

---

[59] Bergmann, Sabine, Bundesfamilienministerin, 13.05.2002

Seit Januar 2000 läuft die schon genannte Erhebungsphase der „Nationalen Qualitätsinitiative im System der Tageseinrichtungen für Kinder“[60] An der von der O-ECD durchgeführten Studie „Starting Strong“, die 2001 vorgestellt wurde, nahmen 10 europäische Länder und zwei außereuropäische Länder teil. Deutschland war nicht unter ihnen. Diese Studie verglich diese Länder im Bezug auf die Systeme der Erziehung und Bildung für Kinder unter sechs Jahren.[61]

Trotz allem ist man in der Bundesrepublik von einem Konsens über die zentralen Dimensionen pädagogischer Qualität sowie von der Verständigung über Mindest- oder wünschenswerten Standards, die dem Kriterium der Überprüfbarkeit genügen noch weit entfernt.[62]
So ziemlich überall ruft man derzeit nach einen nationalen Bildungskonzept, sowie nach tariflich festgelegten Arbeitbedingungen. Letztere werden nur selten berücksichtigt, obgleich sie einen wesentlichen Einfluss auf die Qualität der Arbeit der Erzieherinnen haben. Zu den Arbeitbedingungen, die tariflich geregelt werden sollten, gehören die Gruppengröße, der Erzieher-Kind-Schlüssel, Ausbildung, Vor- und Nachbereitungszeit, Möglichkeit der Fortbildung und Fachberatung sowie eine tarifliche Bezahlung.

Tietze und Spieß, sowie die GEW wünschen die Einführung eines Gütesiegels, zum Anreiz der Qualitätsentwicklung in Kindertageseinrichtungen. Ausdrücklich verbinden sie die Erteilung der Betriebserlaubnis mit der Erfüllung von Mindeststandards, und deren Verbesserung soll sich dann im Gütesiegel widerspiegeln.[63]

Fazit

Zusammenfassend kann man sagen, die deutsche Regierung hat die Notwendigkeit erkannt, Bildung als nationale Aufgabe anzusehen. Für Kindertageseinrichtungen besteht aber weiterhin das Problem, das sie der Kompetenz mehrerer Ministerien unterliegen. Mit einem eigenständigen Bildungsauftrag gehören sie der Bildung an, mit dem Auftrag der Betreuung und Erziehung, sowie ihrer gesetzli-

---

[60] vgl. Bund-Länder-Kommission (BLK) für Bildungsplanung und Forschungsförderung, 23.07.2001, S. 8
[61] vgl. Prof. W. Fthenakis, 7, Oktober 2002, München
[62] vgl. Tietze, W. / Spieß, C. K., DIW, Februar 2001, S. 18
[63] vgl. Tietze, W. / Spieß, C. K., DIW, Februar 2001, S. 26 f.

chen Verankerung gehören sie dem Familienministerium an. Zu dem kommt auch noch, dass durch die Aufgaben der Kindertageseinrichtungen andere Ministerien mit betroffen sind. Hier zähle ich das Ministerium für Arbeit und Wirtschaft auf, welches indirekt Nutznießer einer guten Versorgung mit Kindertageseinrichtungen ist. Und dann kann man auch noch das Sozialministerium und das Finanzministerium benennen, denn auch diese ziehen ihre Vorteile daraus, wenn die Bevölkerung arbeiten gehen kann. Gerade weil es eindeutig erst einmal die Kompetenzfrage zu klären gilt, sollte man sich Gedanken über eine eigenständige Abteilung machen, die sich nur um die Belange von Kindertagesbetreuungsangebote kümmert. Natürlich könnten auch im Zuge der Neubildung und Zusammenschließung von Ministerien nach der Bundestagswahl darüber nachgedacht werden, ob man nicht das Ministerium für Bildung- und Forschung mit dem Ministerium für Familien- Kinder- und Jugendpolitik zusammenlegt.

3.3.2. Finanzielle Ziele in Verbindung mit dem politischen Rahmen

Die finanziellen Ziele des Netzwerkes der Europäischen Kommission sehen so aus, dass jeder Mitgliedsstaat mindestens 1% seines Bruttoinlandproduktes (BIP) in die Förderung von Kindertagesbetreuung investiert. Kindertagesbetreuung ist hier gemeint für Kinder von 0 – 5 Jahren. Diese Summe wäre bei einem durchschnittlichen Bildungsetat der Mitgliedstaaten von 4-6% des BIP gerade mal ein fünftel, also 20% vom Bildungsetat. Dieses Geld sollte anteilsmäßig genutzt werden für die Entwicklung der Infrastruktur, für Beratungs- und Unterstützungsleistungen, für Forschung und Aufsicht sowie für interne und externe Weiterbildung. Ein anderer Teil sollte in ein Investitionsprogramm fließen, welcher sich um Bau und Renovierungen sorgt. Des Weiteren wird grundsätzlich gefordert, dass die Elternbeiträge nicht über 15% des Haushaltsnettoeinkommens liegen. Die Beiträge sollten gestaffelt sein nach Einkommen, Familiengröße und andere relevante Kriterien.

Deutschland

Zu den Elternbeiträgen kann man mit Blick auf die Landesausführungsgesetze sagen, dass eine Staffelung nach Einkommen und Familiengröße in jedem Bun-

desland stattfindet. Jedoch eine Unterbietung der 15% vom Haushaltsnettoeinkommen nicht angestrebt ist. Da in den meisten Bundesländern die Beiträge im Einvernehmen mit dem Träger, der Einrichtung und dem Elternbeirat festgelegt werden, kann man diese kaum recherchieren.
Aufgefallen ist mir in einigen Ausführungsgesetzen die Art, wie man sich die Gesamthöhe der Elternbeiträge errechnet. Man nehme alle Zuwendungen der Träger, eventuelle Zuschüsse und zieht diese von den Gesamtkosten ab. Was dann übrig bleibt, muss als Beitrag von den Eltern geleistet werden. Dem entnehme ich, dass Kommunen, welche weniger Zuschüsse leisten können ihren Eltern höhere Beiträge abverlangen. Das ist ein Teufelskreis, denn einkommensschwache Eltern beantragen beim öffentlichen Träger eine Ermäßigung und dieser übernimmt letzten Endes doch die Kosten.
Die Aufwendungen des Bundes für die Kinderbetreuung lagen 1996 mit 13,4 Milliarden DM bei 0,38% des BIP. Der Bildungsetat lag 1996 bei 212,7 Mrd. DM. Die Aufwendungen für die Kindertagesbetreuung liegen demzufolge mit knapp 6,3% vom Bildungsetat weit unter den vom Netzwerk für Kinderbetreuung geforderten 20%. Trotz mieser Wirtschaftslage und der momentanen schlechten Finanzsituation Deutschlands sollte die Regierung bemüht sein, den Zielen der Europäischen Kommission ein Stück näher zu kommen. Ein Lösungsschritt könnte sein, die „föderale Finanzierungsverflechtungsfalle“, d. h. die Finanzierung der Einrichtungen durch Eltern, Kommune, Länder und Bund aufzulösen.[64]Sell macht darauf aufmerksam, dass Kinderbetreuung ein öffentliches Gut ist, dem begegnet werden muss, indem es eine zunehmende Bundesfinanzierung in diesem Bereich gibt. Eine andere Lösung wäre eine eigenständige, parafiskalische Lösung in Form einer „Familienkasse“. Hier könnten dann alle anderen Finanziers ihre Gelder einbringen und von der Regierung würde dann die Verteilung gesteuert werden.

3.3.3. Ziele hinsichtlich Umfang und Arten von Einrichtungen

Hinsichtlich Umfang und Arten von Einrichtungen plädiert das Netzwerk für Kinderbetreuung auf eine Abdeckung durch Fremdbetreuung für den ganzen Ar-

[64] vgl. Prof. Dr. Stefan Sell,“, Juni 2002, Berlin, S. 18

beitstag berufstätiger Eltern das gesamte Berufsjahr andauernd. Mit maximal zwei verschiedenen Angeboten sollte dieser Bedarf gedeckt werden. Hauptsächlich öffentlich bezuschusste Einrichtungen sollten Vollzeit entsprechende Plätze bieten für mindesten 90% der Kinder zwischen 3 und 6 Jahren und für mindestens 15% der Kinder unter drei Jahren. Es soll eine Vielfalt an Angeboten geben, welche sich durch Struktur und pädagogischer Arbeit unterscheiden. Unterschiede der Einrichtungen könnten in den Bereichen Gruppenmischung, Integration, Leitungsstrukturen, kombinierte Betreuungsformen, Umgebung, Transport, angegliederte Angebote nutzen, Partizipation von Eltern oder anderen Interessierten ausgearbeitet werden. Gemeint sind mit Vielfalt auch die Förderung von Vielfalt an Sprachen, Religion, Herkunft, Geschlecht und Behinderung. Die Einrichtungen sollten Flexibilität in den Bring- und Öffnungszeiten zu einem Standard machen, den es unbedingt gilt, umzusetzen.

Deutschland

Die Arten von Kindertageseinrichtungen trennen sich in Deutschland in drei große Bereiche, welche in fast jedem Bundesland wieder zu finden sind und eigenständig behandelt werden. Das sind die Krippen, Einrichtungen für Kinder unter drei Jahren, die Kindergärten für Kinder von Vollendung des 3. Lebensjahrs bis zum Schuleintritt und die Horte für Kinder ab Schuleintritt und in der Regel bis zum 14. Lebensjahr. In den Bundesländer Nordrhein Westfalen, Rheinland Pfalz und Baden Württemberg gibt es keine speziellen Einrichtungen für Kinder unter drei Jahren, aber man hat Einrichtungen geschaffen, in denen eine altersgemischte Betreuung gemeinsam mit Kinder der anderen Altersstufen stattfindet, was vom Personal eine entsprechende Ausbildung verlangt. Einzig jedoch führt Baden-Württemberg einen Katalog auf, welcher Mindestanforderungen an das Personal festlegt. Für die Länder Bayern, Hessen und das Saarland kann ich keine genauen Aussagen treffen, denn mir liegen nur die Ausführungsgesetze zu den Kindergärten vor. Das Bundesland Brandenburg hat im Ausführungsgesetz keine Untergliederung vorgenommen, sondern es behandelt alle Bereiche gleichermaßen und betitelt diese mit dem Oberbegriff Kindertagesstätten.

Bei nur knapp über einem Drittel der Bundesländer wird in den Landesausführungsgesetzen eindeutig das Wahlrecht der Eltern benannt, wobei zu sagen wäre, dass im Bereich der Kindergärten Eltern aus aktuellen wie auch aus prinzipiellen

Gründen in der Regel nicht zwischen konkurrierenden Anbietern auswählen können. Aktuell fehlt in vielen Regionen Deutschlands ein Bedarfsdeckendes Angebot, so dass zahlreiche Eltern froh sind, wenn sie überhaupt einen Kindergartenplatz erhalten.[65] Außerdem verschließt das Prinzip der Wohnortnähe, das im Kindergartenbereich nicht aufgegeben werden kann, insbesondere in dünn besiedelten Regionen Deutschlands, die Möglichkeit der Auswahl unter verschiedenen Anbietern.

Prinzipiell gilt in Deutschland seit 1996, dass jedes Kind ab vollendetem drittem Lebensjahr bis zum Schuleintritt gemäß §24 KJHG einen Rechtsanspruch auf einem Kindergartenplatz hat. Diesen umzusetzen gilt es also in allen deutschen Bundesländern. Wenn also in den Landesausführungsgesetzen der Rechtanspruch nicht noch einmal deutlich hervorgehoben ist, dann besteht eben dieser Anspruch, welcher sich aus dem KJHG ergibt. Im KJHG ist nur der Rechtsanspruch auf den *Platz* vorgeschrieben. Der *zeitliche Betreuungsumfang* liegt im Ermessen der Länder. Zwar sollten dem Bedarf nach Ganztagsplätze zur Verfügung gestellt werden, aber einen Rechtsanspruch darauf haben die Eltern nicht. Besonders negativ ist mir das Bundesland Niedersachsen aufgefallen, denn dort beschränkt sich der Rechtsanspruch nur auf die Betreuung am Vormittag. Den Bedürfnissen von ganztags beruftätigen Eltern wird dann mit Angeboten wie Spielkreisen entgegengekommen. Ebenso gilt auch im Land Brandenburg der Rechtsanspruch nur für 6 Stunden am Tag, dafür wurde dieser aber altersmäßig ausgeweitet. Einen regulären Rechtsanspruch auf einen sechsstündigen Betreuungsplatz haben alle Kinder ab 2 Jahren bis zum Schuleintritt. Einen Anspruch auf vier Stunden Betreuung am Tag haben die Grundschulkinder bis zum Ende der vierten Klasse. Bei Bedarf, welcher laut dem KITAGESETZ des Landes Brandenburg gegeben ist, wenn die Eltern erwerbstätig sind, häuslich abwesend wegen Erwerbssuche oder Aus- und Fortbildung oder wenn für die Kinder ein besonderer Erziehungsbedarf notwendig ist, erweitert sich dieser Rechtsanspruch auch auf die Kinder bis zu zwei Jahren und auf Kinder der fünften und sechsten Klassenstufe. Auch die Bundesländer Mecklenburg-Vorpommern und Sachsen-Anhalt haben den Rechtsanspruch sehr großzügig erweitert, was auch dem Programm der Europäischen Kommission am nächsten kommt. Beide Länder gewährleisten für Kinder von 0-14 Jahren einen Betreuungsplatz von 6 - 10 Stunden an fünf Tagen die Woche. Dabei ist vielleicht

[65] vgl. Böckler Stiftung, Empfehlung zur Neuorientierung der Bildungsfinanzierung, 22.12.2001

zu erwähnen, dass Mecklenburg-Vorpommern nur bei Kleinkindern unter 3 Jahren eine Ausnahme macht, wenn die Eltern nicht mindestens vier Stunden am Tag einer Beschäftigung nachgehen. Dann besteht kein Rechtsanspruch, sind aber die Platzkapazitäten vorhanden, soll das Kind auch einen Betreuungsplatz erhalten. Auch die Länder Berlin und Thüringen haben eine Erweiterung des Rechtsanspruches vorgenommen. In Thüringen haben Kinder ab 21/2 Jahren einen Anspruch auf Fremdbetreuung und in Berlin haben bereits die Kinder einen Anspruch auf Fremdbetreuung, die während des Betreuungsjahres ihr drittes Lebensjahr vollenden. Alle nicht aufgezählten Länder treffen keine konkreten Aussagen zum Rechtsanspruch, weder zur Altersspanne noch zum Betreuungsumfang. Zum Teil wird auf den § 24 KJHG verwiesen und ebenso uneindeutig wie dort, wird der Bedarf definiert, an dem sich festmacht, ob ein Kinde unter drei Jahren bzw. nach Schuleintritt schon bzw. noch fremd betreut werden darf. Zum Betreuungsumfang finden sich immer wieder Aussagen, wie „dem Wohl und Entwicklungsstand des Kindes angemessen". In keinem einzigen Ausführungsgesetz finden sich für diese Aussage genauere Erklärungen. Den Ausführungsgesetzen der Länder Thüringen, Bremen, Berlin, Sachsen-Anhalt und Mecklenburg-Vorpommern kann man entnehmen, dass die maximale Betreuungszeit bei 9-10 Stunden am Tag liegt. Was aber nichts über einen Rechtsanspruch darauf aussagt.

Allgemein kann man von einer großen Vielfalt schon allein deswegen sprechen, weil es keinen einheitlichen Rahmen gibt. Jedes Bundesland hat seine eigenen Ausführungsgesetze und jeder Kommune obliegen eigene Verwaltungsrichtlinien. Leider ist hiermit keine positive Vielfalt gemeint sondern eher die Beliebigkeit. Trotz dessen kann den Landesausführungsgesetzen entnommen werden, dass sich überall um eine Vielfalt der Angebote bemüht wird. Es wird darauf Wert gelegt, dass in jeder Einrichtung die Integration behinderter Kinder möglich ist und auch die Eingliederung ausländischer Kinder vorgesehen ist, wenn auch in manchen Bundesländern, wie z. B. in Thüringen, Berlin und Baden Württemberg nur im Rahmen der Bildungziele. Die Zusammenarbeit mit den Eltern wird in allen Ländern gefordert, wobei zu bemängeln ist, dass sich diese nicht darauf ausdehnt, in den Kindertageseinrichtungen aktiv mitzuarbeiten und den Alltag der Kinder mitzugestalten. Natürlich sind das aber Ressourcen, welche die Kindertageseinrichtungen von sich aus nutzen könnten, denn verboten ist diese Art der Partizipation in keinem Gesetz. Weitere Ressourcen liegen in der Arbeit mit und in der Gemeinde. Vorgeschrieben wird das nicht, aber bei der Umsetzung von Bildungszielen wäre das eine Alternative. Ebenso die Netzwerkarbeit hat noch große Lücken. In einigen Bundesländern sind Zusammenarbeit mit wissenschaftlichen Forschungsinstituten oder medizinischen Diensten vorgeschrieben, aber längst nicht in allen. Und zur Netzwerkarbeit gehören unter anderem die Zusammenarbeit mit den Schulen, mit anderen sozialen Diensten und ein erweitertes internes Angebot der Einrichtungen wie Beratungen für die Eltern in Sie betreffenden Fragen könnte die Besonderheit einer Einrichtung hervorheben. Kinderbetreuungseinrichtungen sollten Treffpunkte werden und damit unentbehrlich für die Gemeinden. Vielfalt, wie sie das Netzwerk der Kinderbetreuung fordert steht in Deutschland noch am Anfang. Mit der Weiterentwicklung und Ausbreitung des Qualitätsmanagements in Kindertageseinrichtungen können wir mit erfreulichen Entwicklungen rechnen. Denn jede Einrichtung wird in Zukunft darum bemüht sein, ein Angebot zu bieten, was sie in der Gemeinde unentbehrlich macht, dazu gehören dann auch Spezialisierungen z. B. wie zweisprachige Kindergärten, musisch und künstlerisch ausgerichtete Konzepte u. s. w. Dem ganzen hinzuzufügen wäre noch, dass es in Deutschland den Einrichtungen freigestellt ist, nach welchen pädagogischen Ansätzen sie arbeiten. Das ist natürlich auch ein Merkmal von Vielfältigkeit.

3.3.4. Bildungsziele

Das Netzwerk Kinderbetreuung der Europäischen Kommission legt fest, dass die Bildungziele in Kindertageseinrichtungen auf die Gegenwart und somit auf das Alter der Kinder ausgerichtet sein sollen. Die Schule soll nicht vorgezogen werden. Die unterschiedlichsten pädagogischen Ansätze werden akzeptiert, wobei sich diese jedoch in einer eigenständig erarbeiteten Konzeption wieder finden sollten. Im Konzept sollte auch die Bildungsphilosophie enthalten sein, welche sich mindestens aus nachfolgenden Grundannahmen zusammensetzt.

- die kindliche Autonomie und ein Identitätskonzept;
- gesellige soziale Beziehungen sowohl zwischen den Kindern als auch zwischen Kindern und Eltern;
- Begeisterung für das Lernen;

- Linguistische und mündliche Fähigkeiten, zu denen auch sprachliche Vielfalt gehört;
- Mathematische, biologische, andere naturwissenschaftliche, technische und umweltbezogene Konzepte;
- Musikalischen Ausdruck und ästhetische Fähigkeiten;
- Theater, Puppenspiel und Pantomime;
- Bewegungserziehung und Körperbeherrschung;
- Gesundheitserziehung, Nahrungsmittelkunde und Ernährung;
- Aufmerksamkeit gegenüber dem jeweiligen Gemeinwesen.

In einem Organisationsprogramm sollte alles festgehalten sein darüber, wie die Bildungsphilosophie umgesetzt werden soll und wird, alle Aktivitäten der Einrichtung, den pädagogischen Ansatz, die Weiterentwicklung des Personals, die Gruppenzusammensetzung, Aus- und Weiterbildungsanforderungen für das Personal, Raumnutzung und auch, wie finanzielle Mittel eingesetzt werden. Die Erziehung und das Lernumfeld sollten die Familie jedes Kindes, sein Zuhause, seine Sprache, das kulturelle Erbe, seinen Glauben, seine Religion und sein Geschlecht widerspiegeln und wertschätzen.[66]

Deutschland

Entsprechend dem § 22 KJHG sollen Kinder im Rahmen der Betreuung in Tageseinrichtungen in ihrer Entwicklung zu einer eigenverantwortlichen und gemeinschaftsfähigen Persönlichkeit gefördert werden. Bildung gehört zu den primären Aufgaben der Tageseinrichtungen. Das Leistungsangebot soll sich pädagogisch und organisatorisch an den Bedürfnissen der Kinder und ihrer Familien orientieren.

Diesen sehr allgemein ausgeführten Paragraphen finden wir inhaltlich in fast allen Landesausführungsgesetzen wieder. Einem einzigen Aspekt des Netzwerks Kinderbetreuung der Europäischen Kommission kommen wir nahe, das währe der Grundsatz gesellschaftliche und soziale Beziehungen zu verstehen und zu fördern. Nicht im selben Wortlaut, aber wenn man davon ausgeht, dass die Kinder gemeinschaftsfähige Persönlichkeiten werden sollen, schließt das die gesellschaftlichen und sozialen Beziehungen nicht aus.

---

[66] vgl. Qualität der Kindertagesbetreuung: Ziele des Netzwerks Kinderbetreuung der Europäischen Kommission

Etwa die Hälfte der Bundesländer formuliert konkret aus, dass sich die Bildung, wie vom Netzwerk Kinderbetreuung gefordert, auf die Gegenwart ausrichtet. In den Ausführungsgesetzen ist die Rede von einer dem Entwicklungsstand und dem Alter des Kindes angemessenen Förderung, oder ein direkter Verweis darauf, das schulische Inhalte nicht vorgezogen werden sollen.

Ähnlich wird auch der Aspekt der kindlichen Autonomie und des Identitätskonzeptes gehandhabt. Die Förderung in der Einrichtung sollte dem Entwicklungsstand und dem Alter des Kindes entsprechen, aber auch die biographischen und kulturellen Hintergründe sollten beachtet werden.

Zu allen anderen geforderten Bildungszielen wird nur hier und da mal etwas erwähnt. Der Freistaat Bayern, Nordrhein-Westfahlen und Niedersachsen halten in ihrem Landesausführungsgesetz bereits fest, dass im Elementarbereich die Begeisterung für das Lernen gefördert werden sollte. In den Landesgesetzen von Bremen und Brandenburg, wie auch im Entwurf des Gesetzes vom Land Hamburg steht die Sprachförderung auf dem „Lehrplan". Auf Musische und schöpferische Fähigkeiten wird in den Bundesländern Niedersachsen, Thüringen, Freistaat Sachsen, Berlin und Brandenburg Wert gelegt. Theater, Puppenspiele, Pantomime und das Rollenspiel sind von der Europäischen Kommission gefordert, stellen aber im Katalog der Bildungsziele eine Ausnahme dar, denn sie sind geeignete Instrumente, um bestimmte Bildungsziele zu erreichen. Als Instrumente bzw. pädagogische Umsetzungsstrategie finden wir sie in keinem der Landesausführungsgesetze. Wenn man sie aber in Verbindung mit Bildungszielen wie Kreativität und Phantasie anregen setzt, dann hängt es zwar von der Kompetenz der Fachkräfte ab, ob sich diese Instrumente in den Konzepten der Einrichtungen wieder finden, aber eingefordert würden sie dann von nachfolgenden Landesregierungen: Niedersachsen, Thüringen, Freistaat Sachsen, Berlin, Mecklenburg-Vorpommern und Brandenburg. Bewegungserziehung und Körperbeherrschung werden nur in den Bundesländern Nordrhein-Westfahlen, Hamburg, Bremen, und Brandenburg, wenn manchmal auch nur im Rahmen der Förderung der Motorik vorgeschrieben. Zur Gesundheitserziehung steht in keinem Ausführungsgesetz etwas geschrieben. Aus der Praxis ist mir bekannt, dass die Kinder aber zur Hygiene erzogen werden, was wahrscheinlich auf kommunaler ebene gefordert wird. Nahrungsmittelkunde und Ernährung spiegeln sich auch in keinem Gesetz wieder. Einzig das Land Berlin hat eine Beteiligung der Kinder an hauswirtschaftlichen Arbeiten, soweit es den

Kindern angemessen erscheint, vorgeschrieben. Dementsprechend muss auch das hauswirtschaftliche Personal den pädagogischen Anforderungen entsprechen. Konzeptionsschriften, die das Profil der Einrichtung widerspiegeln und eindeutig ein Qualitätsstandard sind, werden nur in den Ländern Bayern, Bremen, Berlin und Brandenburg verlangt.

Hinzufügen möchte ich, dass die Stadt Hamburg bis heute noch kein Gesetzt verabschiedet hat, welches den gesetzlichen Rahmen für die Kindertagesbetreuung darstellt. Bisher gibt es nur einen Entwurf, genauso wie im Land Baden-Württemberg. Hier gibt es zwar ein Ausführungsgesetz gemäß § 26 KJHG, aber dieses ist so veraltet, dass dieses Bundesland den Worten Fthenakis nach, das Schlusslicht in Deutschland gibt. Ein neuer Entwurf besteht bereits, doch dessen Umsetzung ist vor kurzem gescheitert, weil der Ministerpräsident Erwin Teufel einen Rückzug der Landesregierung aus der Kinderbetreuung plant.
Des Weiteren ist der Freistaat Bayern hervorzuheben, denn er ist einsamer Vorreiter, was die internationale Bildungsoffensive betrifft. Dieses Bundesland beschäftigt sich seit einigen Jahren mit den internationalen Entwicklungen von Bildung im Elementarbereich und hat als erstes Bundesland darauf reagiert. In Zusammenarbeit mit dem Institut für Frühpädagogik werden diese Entwicklungen seit drei Jahren im Rahmen eines Projektes, welches durch das Bundesministerium für Bildung und Forschung finanzielle Förderung erhält, umgesetzt. Entlang von drei schematischen Schwerpunkten, die da währen: lernmethodische Kompetenz, Resilenz (d. h. Organisation von Erziehungs- und Bildungsbedingungen) und Bewältigung von Übergängen, soll beispielhaft gezeigt werden, wie die Neudefinition des Bildungsauftrages in den Tageseinrichtungen für Kinder erfolgen kann.[67]Auch wurde vom Bayerischen Staatsministerium für Arbeit und Soziales, Frauen und Jugend bereit der Auftrag an das IFP erteilt, einen Bildungs- und Erziehungsplan für Kinder unter sechs Jahren zu entwickeln und zu implementieren. Begleitet wird dieses Vorhaben von einer Fachkommission, welche sich aus Vertretern aller beteiligten Bereiche zusammensetzt. Bis zum Sommer 2003 soll das Konzept in seiner ersten Fassung vorgestellt werden, und mit dem Kindergartenjahr 2003/2004 implementiert werden.

[67] vgl. Prof. Dr. W. E. Fthenakis: 07.10.2002. S. 3

Auf der Pressekonferenz der Bayerischen Staatsministerin für Arbeit und Sozialordnung, Familie und Frauen, Frau Christa Stewens vom 07.10.2002 zum Thema: Bildung und Erziehung für Kinder unter sechs Jahren – Der bayerische Bildungs- und Erziehungsplan äußerte sich Prof. Dr. Wassilios E. Fthenakis zur Situation Deutschlands im Bezug auf die Bildung im Elementarbereich und zeigt einige Probleme auf, die es schnell zu lösen gilt.

Er verweist darauf, dass die Bildung als zentrale Aufgabe für die Tageseinrichtungen für Kinder unter sechs Jahren in den letzten zwei Jahrzehnten kaum Beachtung fand. Unter dem Druck aktueller bildungspolitischer Debatten, ausgelöst durch die Ergebnisse der Delphi-Befragung, das Forum Bildung der Bundesregierung oder die PISA-Studie, aber auch als Folge internationaler Entwicklungen gerät dieser Bildungsauftrag zunehmend in den Blickpunkt der Öffentlichkeit. Ein Beispiel ist die im Jahr 2001 von der OECD vorgestellte Studie „Starting Strong", an der sich Deutschland nicht beteiligte. Ein Vergleich der Systeme der Bildung und Erziehung im Elementarbereich von zehn europäischen und zwei außereuropäischen Ländern sind Inhalt dieser Studie. Auch wenn sich unser Land nicht an diesem Vergleich beteiligt hat, werden doch einige gravierende Defizite, welche einerseits die Erziehungs- und Bildungskonzepte und andererseits die Organisation und Steuerung des Systems betreffen, deutlich. Als zentrales Defizit benennt Fthenakis das Fehlen eines Bildungs- und Erziehungsplanes in den Tageseinrichtungen für Kinder und generell für die pädagogische Arbeit mit Kindern unter sechs Jahren. Mit der OECD Studie wurde deutlich, dass in mehreren europäischen und außereuropäischen Ländern solche Konzepte bereits entwickelt, implementiert und z. T. sogar schon evaluiert wurden. Zum Beispiel wurde in Norwegen bereits 1996 ein Bildungsplan für die pädagogische Förderung verabschiedet, Schweden hat einen für alle Kindertageseinrichtungen verbindlichen Bildungsplan 1998 verabschiedet und 2000 wurde dieser Weg auch von Großbritannien beschritten. In einem Interview mit dem Forum Bildung verdeutlicht[68] Fthenakis noch einmal dieses Defizit, in dem er darauf hinweist, dass Deutschland eines der wenigen Länder in der Welt ist, das den Bereich der vorschulischen Erziehung ohne ein Bildungskonzept belässt. Er erwähnt in diesem Zusammenhang aber auch, dass auf Grund des sehr niedrigen Ausbildungsniveaus der pädagogischen Fachkräfte,

[68] vgl.: Prof. Dr. Wassilios E. Fthenakis 7, Oktober 2002, München, S. 2-3

worauf ich bei den Zielen für Beschäftigung, Aus- und Weiterbildung des Personals noch genauer eingehen werde, eine Umsetzung zeitgemäßer Erziehungskonzepte und eine entsprechende Begleitung bei Bildungsprozessen nur begrenzt, wenn überhaupt möglich erschein. Die Fachkräfte sind nicht darauf vorbereitet. Deutschland wird nicht einmal die Frage beantworten können, ob das bisherige pädagogische Konzept in den Tageseinrichtungen für Kinder Wirkung zeigt, was daran liegt, dass es mit einer Ausnahme keine Evaluationsstudien in unserem Land gibt, und bisher wurde auch die frühpädagogische Forschung nicht gefördert.[69]
Im Interview macht er auch noch einmal deutlich, dass die von der EU als Empfehlung an die Mitgliedsstaaten formulierten 40 Ziele für die Arbeit in den Tageseinrichtungen für Kinder in Deutschland nicht angemessen übernommen worden sind, obwohl das Institut für Frühpädagogik wiederholt darauf hingewiesen hatte. Als Gründe benennt er hier unter anderem die von mir bereits ausgeführten Probleme der kommunalen Zuständigkeit, d. h. die Verlegung der Verantwortung auf den unteren Verwaltungsbereich im System. Dies ist keine gute Voraussetzung, um Reformen auf Landesebene zu initiieren. Eine weitere Begründung findet er darin, dass in Deutschland bestehende Bildungskonzepte, wie der seit ca. dreißig Jahren dominierende Situationsansatz nie evaluiert wurde. Es wurde nie hinterfragt, welchen Beitrag er an der Stärkung kindlicher Entwicklung und kindlicher Kompetenzen hinzutut. Zu guter Letzt fordert Fthenakis noch einmal ausdrücklich eine Reform, die es den deutschen Kindern ermöglicht, eine bestmögliche Bildung und Erziehung zu genießen.[70] Diese Reformvorschläge benenne ich zum Schluss dieses Kapitels.

Es stellt sich mir die Frage, warum man dieses Projekt, welches im Freistaat Bayern durchgeführt wird, nicht auf nationaler Ebene durchführte. Wenn sich das Bundesministerium für Bildung und Forschung finanziell daran beteiligt, gehe ich davon aus, dass die Verantwortlichen wissen, was sie fördern und welche Bedeutung dieser Schritt der Entwicklung für das gesamte bundesdeutsche Gebiet innehat. Wie man am Beispiel des Freistaat Bayerns sehen kann, gelingt die Umsetzung eines Bildungsplanes nicht innerhalb kürzester Zeit, und man kann nur hoffen, dass dieser im Jahr 2003 fertig gestellte Bildungs- und Erziehungsplan für

---

[69] vgl. Fthenakis, Interview mit Forum Bildung
[70] vgl. Fthenakis, Interview mit Forum Bildung

den Freistaat Bayern den anderen Bundesländern nicht einfach übergestülpt wird. Denkbar währe das, weil man den Empfehlungen der Europäischen Kommission, dem Netzwerk Kinderbetreuung gerecht werden will, und vor allem um nicht für immer im unteren Drittel bei Bildungsstudien zu enden, wie es der Fall bei der PISA-Studie war, obwohl diese nur den Schulbereich umfasste. Aber die Kindergartengeneration von heute ist die Schulgeneration von morgen. Ein Bildungs- und Erziehungsplan für den Elementarbereich, der national für alle Einrichtungen verbindlich sein soll, müsste gemeinsam entwickelt werden mit den bereits erwähnten IFP und anderen Instituten die sich mit der Frühförderung beschäftigen, dem Bundesministerium für Bildung und Forschung wie dem Bundesministerium für Familie, Senioren, Frauen und Jugend. Weiter beteiligt sollten sein Vertreter der verschiedenen Berufsgruppen, die mit Kindern unter sechs Jahren arbeiten, Spitzenverbände der freien und öffentlichen Wohlfahrtspflege und kommunale Verbände, Vertreter der Fachhochschulen für Sozialpädagogik, der Eltern, der Wirtschaft und anderer Experten. Jedes Bundesland sollte daran beteiligt sein, und um die Zahl der Beteiligten nicht zu sprengen oder den Überblick zu verlieren, könnte man die Zahl der Beteiligten, ähnlich wie sich der Bundestag zusammenstellt, berechnen. Jedes Bundesland stellt eine bestimmte Anzahl an Beteiligten. Natürlich könnte man auch in Form von Workshops arbeiten, was sogar wahrscheinlicher und effektiver währe. Zum Schluss wird dann ein Konsens darüber getroffen.

Bei der inhaltlichen Ausführung des Bildungsplanes könnte man sich an den bereits bestehenden Bildungsplänen orientieren Zum Beispiel könnten wir von Schweden Grundsätze übernehmen, die aussagen, dass der Plan allgemein gehalten sein sollte und die Kreativität sowie die Vielfältigkeit nicht behindern. D. h. pädagogisch-didaktische Hinweise sollten vermieden werden, dafür müsste ein Rahmen für die spätere Implementation gegeben sein. Der gesamte Bildungsplan stellt einen Rahmen dar, welcher dem Fachpersonal zur Orientierung dient und ihnen Unterstützung in ihrer Arbeit gibt. Des Weiteren liefert er die Basis zur Definition von Qualitätsstandards für die pädagogische Arbeit, welche dann intern im Rahmen eines Qualitätsmanagement erarbeitet werden. Auch ermöglicht und fördert ein Bildungsplan die bessere Verständigung zwischen Eltern und Fachkräften.[71]

---

[71] vgl.: Prof. Dr. W. E. Fthenakis, 07.10.2002, S. 3

Wichtig erscheint mir an dieser Stelle auch, die anderen Punkte zu erwähnen, die Fthenakis für ein reformiertes Bildungskonzept als notwendig erachtet. Zum einen müssen wir uns trennen von dem veralteten individuumzentrierten Ansatz und die Bildung als sozialen Prozess begreifen. Denn der Mensch und somit auch das Kind lernen als Ko-Konstruktion mit anderen und im Zusammenleben mit anderen. Es reagiert auf seine Umwelt, möchte begleitet werden und Anregungen vorfinden, die ihm Möglichkeiten zum entdecken und lernen bieten. Der Lehrende sollte sich in Zukunft mehr als Moderator, weniger als Lehrer sehen.
Auch müssen die Bildungskonzepte sensibler auf die kulturelle Diversität, auf die soziale Komplexität und auf kontextuelle Veränderungen reagieren. Bei allem darf nicht außer Acht gelassen werden, dass das Kind im Mittelpunkt steht und das Anliegen, ihm lernmethodische Kompetenzen zu vermitteln und es in seiner Entwicklung zu fördern. Das bedeutet, sich dem Kind anzunehmen, wie es ist. Altersmäßig und entwicklungsgemäß soll die Förderung dort ansetzen, wo es erforderlich ist.
Kompetenzen die hier angesprochen werden, sind
nach der Delphi-Studie:

- Selbstbildnis, Selbstbewusstsein, Selbstmanagement: Wahrnehmung und Berücksichtigung eigener Stärken und Schwächen, Neugier und Nutzung von Freiheit.
- Offenheit und Bildungsfähigkeit in persönlichen Beziehungen, Kommunikationsfähigkeit und Aufbau bzw. Nutzung sozialer Netze: Freundschaft, Nachbarschaft.
- Grundlegende Kulturtechniken, zu denen der in der Grundschule zu erwerbenden Fertigkeiten wie Lesen, Schreiben, Rechnen zunehmend die persönliche Ausdrucksfähigkeit und Fremdsprachen ebenso gehören wie der Umgang mit neuen Informations- und Kommunikationsmedien.

Nach dem IFP:

- positives Selbstkonzept
- Kontrollerwartung und ein Gefühl der Selbstwirksamkeit
- Fähigkeit zur Selbstregulation
- Fähigkeit sich vor gefährdenden Einflüssen zu schützen
- Regelbewusstsein
- Fähigkeit zu konstruktivem Denken (auch bei widrigen Umständen)
- Fähigkeit sich zu entscheiden und zu organisieren (Selbstmanagement)
- Fähigkeit sich in verschiedenen sozialen und kulturellen Umwelten und mit unterschiedlichen Rollenerwartungen konstruktiv umzugehen
- Fähigkeit Konflikte gewaltlos zu bewältigen
- Anpassungsfähigkeit im Umgang mit Belastungen oder übermäßigen reizen (einschließlich der Fähigkeit, sich innerlich zu distanzieren)
- Fähigkeit Verantwortung zu übernehmen
- Kreativität und Explorationslust
- Sachbezogenes Engagement und intrinsische Motivation

Diese Kompetenzen gilt es also in Zukunft zu stärken und diese sollten demnächst in einem deutschen Bildungsplan für den Elementarbereich zu finden sein.

3.3.5. Ziele bezüglich des Personalschlüssels

Im Bezug auf den Personalschlüssel gibt das Netzwerk nur Empfehlungen. Denn genaue Richtzahlen vorzugeben ist anhand der vielen Faktoren, die dabei beachtet werden müssen nicht möglich. So darf nicht außer Acht gelassen, wie groß die Gruppe ist, die Altersmischung, die Größe und Gestaltung des Gebäudes, die Art des Settings, die Betreuungszeit, ob es sich um Wechselgruppen, Ganztags- oder Teilzeitplätze handelt und wie die Zusammensetzung der Kinder ist, d. h. wie hoch der Anteil an verhaltensauffälligen oder behinderten Kindern ist. Die angegebene personelle Besetzung sollte möglichst über den nachfolgenden Zahlen liegen, diese aber nicht unterschreiten.

- für Kinder unter 12 Monaten = 1 Erwachsene/-r : 4 Plätze
- für Kinder von 12 – 23 Monate = 1 Erwachsene/-r : 6 Plätze
- für Kinder von 24 – 35 Monate = 1 Erwachsene/-r : 8 Plätze
- für Kinder von 36 – 71 Monate = 1 Erwachsene/-r : 15 Plätze

Bei Betrachtung dessen fällt auf, dass für die Betreuung von Hortkinder kein Richtwert vorliegt, dafür aber der Personalschlüssel für Kinder unter drei Jahren sehr detailliert vorliegt.

Es wird vorgeschlagen mindestens ein Zehntel der wöchentlichen Arbeitszeit ohne Kontakt zu den Kindern für die Vorbereitung und Weiterbildung zu nutzen. Das währen bei einer 40 Stunden Woche mindestens vier Stunden.

Um den Personalschlüssel jederzeit aufrechtzuerhalten sollten angemessene Ersatzkräfte zur Verfügung stehen.

Ein weiterer Vorschlag gilt den Personalkosten. Arbeitszeit, die nicht mit den Kindern verbracht wurde, sondern verwaltungstechnische, häusliche bzw. hausmeisterliche Arbeiten einschließt, sollte gesondert berechnet werden.

Deutschland

Mit Ausnahme der Stadtstaaten Hamburg und Bremen liegt bei allen übrigen alten Bundesländern die Festlegung des Personalspiegels in der Zuständigkeit der dafür berufenen Ministerien. Dem Ministerium obliegen auch Lenkungsfunktionen mittels Zuwendungen bei den Personalkosten oder einer Pauschale pro Kind.

In den neuen Bundesländern gibt es bereits in den Ausführungsgesetzen Regelungen zum Personalspiegel, welche zwar nicht so detailliert für die Betreuung der Kinder unter drei Jahren sind, wie von dem Europäischen Netzwerk Kinderbetreuung vorgeschlagen, aber dafür sind sie, wie auch für Hamburg und Bremen untergliedert in die drei großen Betreuungsarten. Für die Betreuung von Kindern bis drei Jahren liegt der Schlüssel bei einem Erzieher für sechs Kinder. Für die Betreuung der Kinder vom 3. Lebensjahr bis zum Eintritt in die Schule variiert es leicht, aber der Schnitt liegt im Rahmen, der von der EU vorgeschlagenen Werte. Somit kommen auf einen Erzieher 10 – 15 Kinder. Ausnahmen bilden hier die Länder Mecklenburg-Vorpommern mit max. 18 Kindern auf einen Erzieher und Bremen mit max. 20 Kindern auf einen Erzieher. Zu erwähnen währe an dieser

Stelle, dass in den Gruppen meist eine Fachkraft und eine Kinderpflegerin tätig sind. Dies gilt für die Krippe und den Kindergarten.
Der Personalspiegel für den Hort liegt bei den benannten Ländern, die Aussagen zum Personalschlüssel getroffen haben, bei etwa einen Erzieher oder Pädagogen auf 15 – max. 25 Kindern. Mit 25 Kindern auf einen Erzieher bildet aber nur das Bundesland Sachsen Anhalt eine Ausnahme, welche nach oben ausschlägt.
Für alle Bundesländer der Republik kann man aber darauf verweisen, dass sich die Aufnahme von Kindern, welche einen größeren Betreuungsaufwand benötigen immer auch auf den Personalschlüssel niederschlägt, denn dieser wird von den Finanziers gesondert berechnet.
Mit Ausnahme der Länder Baden-Württemberg, Nordrhein-Westfahlen, Rheinland-Pfalz, Hessen und Berlin (Hamburg kann ich keine Aussage treffen) wird in den Landesausführungsgesetzen auf die Verpflichtung zur Fort- und Weiterbildung hingewiesen. Auch die Ermöglichung seitens des Trägers wird vorgeschrieben. Nachholbedarf besteht auf jedem Fall in jedem Bundesland, alle Fachkräfte müssen bemüht sein sich fortzubilden, denn auf Grund der schlechten Ausbildung in Deutschland zur Erzieherin kann nur eine Qualitätsverbesserung von innen heraus geschehen, wenn das Personal entsprechend qualifiziert dafür ist.

3.3.6. Ziele für Beschäftigung, Aus- und Weiterbildung des Personals

Weil die Qualität der Kinderbetreuung auch wesentlich von der Aus- und Fortbildung des Personals sowie dessen Arbeitsbedingungen abhängt, hat sich die Kommission auch mit der Entwicklung von Zielen in diesem Bereich beschäftigt.
Als erstes wichtiges Ziel benennt das Netzwerk Kinderbetreuung der Europäischen Kommission, für alle qualifizierten Beschäftigten einen national oder lokal festgelegten Tariflohn zu zahlen und keinesfalls weniger. Für umfassend ausgebildetes personal sollte dieser Tariflohn mit dem von Lehrern/-innen vergleichbar sein.
Mindestens 60% der direkt mit Kindern beschäftigten sollten eine allgemein anerkannte Basisausbildung besitzen. Die Ausbildung sollte erst ab dem Alter von 18 Jahren begonnen werden, mindestens drei Jahre dauern und Theorie sowie Praxis von Pädagogik und kindlicher Entwicklung beinhalten.

Die gesamte Bildung sollte in einem „Baukastensystem" aufgebaut sein, das den Erwerb aufeinander aufbauender Qualifikationen ermöglicht. Das motiviert die Mitarbeiter auch entsprechend. Jedem Mitarbeiter muss die Möglichkeit der Aus- und Weiterbildung, sowie auch der Fortbildung gegeben werden.
Allen in Kindertageseinrichtungen Tätigen, ob im öffentlichen oder privaten Sektor sollte das Recht zustehen, Mitglied in einer Gewerkschaft zu sein.
Um Väter für eine verstärkte Anteilnahme zu ermutigen und geschlechtstypische Rollen zu hinterfragen und eventuell aufzulösen, fordert die EU einen Mindestanteil von 20% Männern als Beschäftigte in öffentlichen Einrichtungen.

Deutschland

Im vorigen Abschnitt habe ich bereits erwähnt, in welchen Bundesländern es keine Regelungen zu der Fort- und Weiterbildung gibt. In allen anderen Bundesländern besteht nicht nur das Recht auf Weiterbildung, sondern die Pflicht. Gründe liegen wahrscheinlich in der schlechten Basisausbildung der Erzieherinnen. Wie Fthenakis in einem Interview mit dem Forum Bildung betont, unsere Erzieherinnen können in Europa nicht vermittelt werden.[72] Vergleicht man die Qualität der Professionalisierung der pädagogischen Fachkräfte in Europa, muss man feststellen, dass Deutschland gemeinsam mit Österreich das formal niedrigste Niveau an Ausbildung bieten. Die Organisation der Ausbildung der Fachkräfte in allen anderen europäischen Ländern verläuft auf Fachhochschul- oder sogar auf universitärem Niveau. Jetzt versteht man auch, warum in manchen Landesausführungsgesetzen als Fachpersonal unbedingt Diplomsozialpädagogen hinzugefügt wurden, denn diese haben eine Fachhochschulausbildung genossen, aber nicht unbedingt Theorie und Praxis kindlicher Entwicklung.
Fthenakis formuliert Reformansätze im Bezug auf die Erzieherinnenausbildung. Zum einen muss das Niveau der Ausbildung gehoben werden, als auch deren Qualität. Als Eingangsbedingung ist das Abitur anzustreben und während des Studiums muss es den angehenden Erzieherinnen möglich sein zu lernen, Kinder zu beobachten, die Interaktionen zwischen Fachkraft und Kind kindgerecht zu gestalten sowie eine befriedigende Kommunikation und Kooperation mit den Eltern herzustellen. Vor allem sollen die künftigen Fachkräfte auf die Steuerung und Vermittlung von Lernprozessen vorbereitet werden, ebenso wie sie diese kompe-

[72] vgl. Fthenakis, Interview mit Forum Bildung

tent begleiten und evaluieren können. Die Ausbildungskonzepte an Schulen für Fachkräfte sollten so ausgerichtet sein, dass eine Ko-Konstruktion durch die Studierenden möglich wird. Das bedeutet, dass die Studierenden den Inhalt und die Methodik der Vorlesungen mitgestalten. Das ermöglicht die konstruktive Auseinandersetzung mit der Wissenschaft, fördert das Engagement und erweitert bzw. ergänzt womöglich den Umfang des Lehrinhaltes. [73]

Abgesehen von der schlechten Ausbildung steht es um die Entlohnung der Fachkräfte ebenso schlecht. Natürlich gibt es Tariflöhne in Deutschland, doch die wenigsten halten sich daran, obwohl die Tarifgruppe, welche für Erzieherinnen vorgesehen ist, bereits sehr weit unten angesetzt ist, nämlich die Tarifgruppe V. Sozialpädagogen, die eigentlich nach der Tarifgruppe IV entlohnt werden (Einstiegsgehalt, hängt auch ab von den Positionen, in denen man tätig ist) rutschen in Kindertageseinrichtungen schnell noch eine Tarifgruppe nach unten. Da ist es nicht erstrebenswert für einen ausgebildeten Sozialpädagogen in einer Kindertageseinrichtung zu arbeiten, und somit werden in den Einrichtungen zum größten Teil weiterhin nur ungenügend ausgebildete Kräfte arbeiten.
Von ein Mehr an Männern in diesem Beruf findet sich gar nichts in den Ausführungsgesetzen, obwohl ich denke, bei einer besseren Entlohnung würden von allein mehr Männer in diesen Beruf einsteigen. Jedoch ist es in Deutschland immer noch die Regel und Rollenerwartung, dass der Mann einen höheren Verdienst haben sollte als die Frau, und das währe im Beruf des Kindergärtners momentan nicht möglich.
Zum Recht auf eine Mitgliedschaft in einer Gewerkschaft steht auch nichts in den Gesetzen, aber das bedeutet auch, dass es nicht verboten ist. Eine Regelung hierzu findet man sicherlich auf Trägerebene, denn dort wird auch entschieden, ob nur Mitarbeiter eingestellt werde, die einer Religion nachgehen

[73] vgl. Fthenakis, Interview mit Forum Bildung

3.3.7. Ziele hinsichtlich Umgebung und Gesundheit

Für die motorische, soziale und intellektuelle Entwicklung von kleinen Kindern ist es notwendig, über genügend Bewegungsraum im Innen- und Außenbereich zu verfügen. Die Kinder müssen die Möglichkeit haben, ihre Umgebung drinnen wie draußen zu erforschen, sich frei zu bewegen und ebenso Rückzugsmöglichkeiten, um ihre Ruhe zu haben. Für den Innenraum gibt die Europäische Kommission Richtwerte vor, die bei mindestens 6 m^2 für jedes Kind unter drei Jahren liegen und bei mindestens 4 m^2 für jedes Kind von drei bis sechs Jahren. Eingerechnet werden nicht der Stauraum, Korridore und Durchgänge. Für den Außenbereich gilt der Richtwert von mindestens 6 m^2 für jedes Kind, und es sollte einen direkten Zugang zum Außenraum geben. Auch an die Eltern und das Personal sollte bei den Baumaßnahmen gedacht werden, ihnen sollten mindestens 5% zusätzlicher Innenraum zugestatten werden. Die pädagogische Philosophie der Einrichtung sollte sich in der gesamten Planung und Umsetzung wieder finden. Zu nennen währen: Umgebungsplanung, Raumaufteilung, Anlage der Gebäude, Möblierung und Ausstattung. Bei dem Ganzen dürfen die Ansichten der Eltern, des Personals und anderer interessierter Gruppen nicht außer Acht gelassen werden.
In den Einrichtungen sollte den Kindern ein gesundes Essen gereicht werden, das möglichst in der Einrichtung zubereitet wird.
Alle Einrichtungen, seien sie privat oder öffentlich, sollten nationalen und lokalen Gesundheits- und Sicherheitsansprüchen genügen.

Deutschland

Im Rahmen der Erlaubnis für den Betrieb einer Einrichtung nach den §§ 45 ff. KJHG haben in Deutschland die Landesjugendämter dafür zu sorgen, dass die Betreuung der Kinder durch geeignete Kräfte gesichert ist und auch in sonstiger Weise das Wohl der Kinder gewährleistet ist. Über die Voraussetzung der Eignung der Fachkräfte sind Vereinbarungen mit den Trägern anzustreben. Mit der Betriebserlaubnis soll ein Rahmen – im Sinne von Mindestanforderungen, vor allem auf Elemente der Strukturqualität ausgerichtet – gesichert werden. In Anlehnung an nachfolgende Paragraphen sind auch Überprüfungen gesichert. Zu den weiteren Aufgaben der Landesjugendämter gehört die Beratung zu der Planung und Betriebsführung der Einrichtung, ebenso wie die Fortbildung von Mitarbeitern (§ 85 KJHG).

Da mit Ausnahme der Stadt Berlin und des Bundeslandes Sachsen-Anhalt kein weiteres Bundesland Ausführungen beinhaltet, die etwas Genaues aussagen über die Mindestraumgröße, Außenspielflächen und Gestaltung der Räumlichkeiten, gehe ich davon aus, dass sich diese Regelungen in Rechtsverordnungen finden lassen oder dass sie in Zuständigkeiten der Kommunen abgegeben worden sind. Berlin schreibt einen Innenraum von mindestens 3 m^2 für ein Kind unter sechs Jahren vor. Eine Untergliederung, die die Krippe differenziert betrachtet besteht nicht. In Sachsen-Anhalt stehen jedem Kind unter drei Jahren ein Innenraum von mindestens 5 m^2 zu und einem Kind von drei bis sechs Jahren steht ein Innenraum von mindestens 2 ½ m^2 zu. Beide Bundesländer treffen keine Aussagen über den Außenspielbereich. Hervorzuheben währe noch einmal Berlin, denn dort wird mittels Landesausführungsgesetz vorgeschrieben, dass bei der Planung und Umgestaltung pädagogisches Personal zu beteiligen ist.

Für das Bundesland Brandenburg existiert bisher noch keine Rechtsverordnung, die Größe und Gestaltung der Einrichtung regelt.

Allgemeine Gültigkeit hat nachfolgender Satz, den man auch in den übrigen Landesgesetzen nachlesen kann: Die Räume, Anlagen und sonstige Einrichtungen einer anerkannten Kinderbetreuungseinrichtung müssen baulich, funktional und ausstattungsmäßig so beschaffen sein, dass eine dem Kind angemessene Betreuung, Erziehung und Bildung möglich sind.

Zum gesundheitlichen Aspekt kann ausgeführt werden, dass alle Bundesländer vor Aufnahme eines Kindes in einer Einrichtung deren ärztliche Untersuchung verlangen und eine Unbedenklichkeitsbescheinigung zur Vorlage benötigen. Jedes Land arbeitet zusammen mit dem Gesundheitsamt und fordert eine Jährliche Untersuchung der Kinder in der Einrichtung, in manchen Ländern sogar im zahnmedizinischen Bereich. Der Impfstatus der Kinder soll kontrolliert werden, was hauptsächlich in den neuen Bundesländern vorgeschrieben ist.

In Berlin und Brandenburg wird ausdrücklich darauf hingewiesen, dass ein absolutes Rauchverbot in Räumen besteht, die für die zu betreuenden Kinder zugänglich sind. Eine weitere Besonderheit ist in Sachsen-Anhalt die Schulwegbegleitung, die auf Wunsch der Eltern geleistet werden soll. Und noch ansprechen möchte ich die Meldepflicht bei augenscheinlicher Vernachlässigung und Misshandlung der Kinder, ebenso die Bemühung um Früherkennung von Entwicklungsverzögerungen oder Behinderungen. Diese sind dem Jugendamt bzw. dem Gesundheitsdienst und auch den Eltern zu melden.

3.3.8. Ziele in Bezug auf Eltern und Gemeinwesen

Die Kindertageseinrichtungen sollen mit den Eltern der Kinder zusammenarbeiten. Das schließt Informationen ein, die Fortschritte des Kindes betreffen, angebotene Aktivitäten, Verwendung der Mittel u. a. Auch sollen die Eltern große Mitbestimmungsrechte innehaben, die sie zum Kooperationspartner für die Einrichtungen werden lassen.
Die Einrichtungen sollten darum bemüht sein, Kontakte zum Gemeinwesen zu schaffen und zu pflegen. Dazu zählen Interaktionen mit der Nachbarschaft, die Generationen übergreifende Angebote, Nutzung von Kulturangeboten der Gemeinde, Mitgestaltung von traditionellen Festen der Gemeinde.
Das Netzwerk Kinderbetreuung der Europäischen Kommission legt auch Wert darauf, dass die Einrichtungen Beschäftigte gewinnen sollten, die die ethnische Vielfalt des lokalen Umfeldes widerspiegeln.

Deutschland

Ein Großteil der Bundesländer fordert in seinen Ausführungsgesetzen die Kooperation mit anderen Diensten und manche auch die Zusammenarbeit mit Forschungsinstituten, welche sich mit der frühkindlichen Förderung beschäftigen. Diese Art der Kooperation ist ein Schritt in die richtige Richtung. Jedoch nur einer, denn die Öffnung für das Gemeinwesen bietet weitaus mehr Ressourcen, wie man an Hand der Beispiele, welche von der Europäischen Kommission aufgezählt worden sind, sehen kann. Diese sollten von den Einrichtungen genutzt werden, schon allein im Hinblick auf die Kürzung von öffentlichen Geldern im Zusammenspiel mit der notwendigen Qualitätsverbesserung. Zu erwarten ist diese Ressourcenausnutzung demnächst sicher, denn im Rahmen der Fort- und Weiterbildung erlernen die Fachkräfte Wissen und dementsprechend werden ihnen Instrumenten in die Hände gelegt. Mit der zunehmenden Einführung von Qualitätsmangementsystemen in Kindertageseinrichtungen gehören das Aufdecken von Ressourcen und deren vorteilhafte Nutzung zu den standardisierten Aufgaben der Einrichtung. Unter ihnen wird auch die Kooperation mit der Gemeinde zu finden sein.

Aus der Praxis kann ich sagen, dass viele Einrichtungen bereits um die Zusammenarbeit mit der Gemeinde bemüht sind. Man findet die Kleinen in Begleitung ihrer Gruppenerzieherin häufig als Sängergruppen auf traditionellen festen, auch machen sie Besichtigungstouren. Was fehlt ist die Öffnung der Kindertageseinrichtung für die Gemeinde. Die Nutzung der Räumlichkeiten am Abend oder an Wochenenden für andere Zwecke, z. B. Kindergeburtstage, Seniorentreffen, Spielnachmittage mit den unterschiedlichen Generationen oder Lesungen u. s. w. Nur selten genug, dürfen die Außenspielflächen von anderen Kindern der Gemeinde genutzt werden, wie beispielsweise von älteren.

Die Zusammenarbeit mit den Eltern ist in allen Ländern vorgeschrieben, was sich auch im KJHG wieder findet. Auch wird ihnen das Mitspracherecht in allen ihre Kinder betreffenden Angelegenheiten zugestanden. Was ich aber vermisse, ist hier die Möglichkeit zur aktiven Mitarbeit, solange es pädagogische Prozesse nicht behindert. In Deutschland macht es den Anschein, dass Eltern nur herangeholt werden, wenn es darum geht, zu renovieren, den Spielplatz neu zu gestalten. Also, wenn es um körperliche Ertüchtigung geht. In Modellprojekten wurde der Versuch unternommen, die Eltern auch während der Betreuungszeit einzubeziehen. Es kann noch weiter geführt werden, den Eltern kann die Einrichtung als Treffpunkt mit einer Kaffeeecke dienen, wo man sich austauschen und gegenseitig beraten kann. Man nennt dieses dann Netzwerk für Kinder oder Haus der Familie. Ich denke, so wird die Zukunft der Kinderbetreuung aussehen, wenn sich die Einrichtungen um eine Profilierung bemühen.

3.3.9. Ziele hinsichtlich der Ausführung

Grundbedingung für die Vertrauenswürdigkeit der Einrichtung ist die Transparenz der Finanzen, Einnahmen sowie Ausgaben. Nicht nur Vertrauen schafft dieses

Instrument, nein auch die Fachkräfte haben mehr Überblick über die Kosten und eventuell Ideen, wo man einsparen könnte ebenso wie einen Anreiz zum sparen.
Eine andere unverzichtbare Forderung ist die regelmäßige Bewertung der bestehenden Curricula, der Qualität der bestehenden Erziehungsziele und der pädagogischen Arbeit. Aber auch die Entwicklung des einzelnen Kindes muss bewertet werden, was in Zusammenarbeit mit den Eltern geschehen kann. Als geeignet erscheint hier das Evaluationsverfahren, ob nun Selbst- und Teamevaluation oder Fremdevaluation, wobei die Ansichten der Eltern und des Gemeinwesens ein zentraler Bestandteil der Bewertung sein sollten.
In einem Jahresbericht oder mit anderen Mitteln sollten die Einrichtungen öffentlich darlegen, wie sie ihre Ziele erreichen und wie sie ihr Budget verwenden.

Deutschland

In Deutschland wird Transparenz seit der Verwaltungsreform im Zuge der neuen Steuerung überall gefordert. Für Kindertageseinrichtungen schreiben es zumindest die Landesausführungsgesetze noch nicht vor, aber die Einrichtungen, welche mit der Entwicklung eines Qualitätsmanagementsystems beschäftigt sind oder dieses bereits eingeführt haben, sollten Transparenz als ein Qualitätsmerkmal betrachten und dementsprechend handeln.
Mit der Evaluation steht es genauso. Sie ist in keinem Ausführungsgesetz vorgeschrieben, aber alle modernen Einrichtungen, die an der Qualitätsverbesserung interessiert sind, sollten die Evaluation als ein Instrument der Kontrolle und Weiterentwicklung sehen und es nutzen. Im Rahmen von Weiterbildungsangeboten wird den Fachkräften Evaluationsverfahren kennen zu lernen und selbst durchzuführen.

4. Qualitätsmanagementkonzepte

Nachfolgend werde ich die geläufigsten Qualitätsmanagementkonzepte beschreiben und deren Stärken und Schwächen benennen.

4.1. Kronberger Kreis

Bei Anwendung des Konzeptes des „Kronberger Kreis" soll Qualitätsentwicklung auf Grundlage von einem durch intrinsische Motivation, Freiwilligkeit und Eigeninitiative geführten Dialog erzielt werden. Die Gruppe des Kronberger Kreises ist aus dem Hessischen Projekt Ring „Orte für Kinder" hervorgegangen.[74] Mittels teilweiser Unterstützung und Beratung wird der Prozess in den Kindertageseinrichtungen fachlich begleitet. Von Vertretern des Kronberger Kreises werden den Einrichtungen Indikatoren angeboten, mit deren Hilfe die Selbstreflexion und Weiterentwicklung eigenständig unter ständiger Beteiligung der Erzieher/innen und der Leitung initiiert wird. Zeitweise sollen auch die Öffentlichkeit, die Eltern, sonstige Mitarbeiter und der Träger mit einbezogen werden. Durch den gemeinsamen Dialog mit allen wird betont, dass die Entwicklung von Qualität ein gemeinsames Vorhaben ist. Alle beobachten alle, und somit wird die Praxis in allen Aspekten untersucht und erforscht. Evaluation wird zur Selbstevaluation und Veränderungen können schon während des Entwicklungsprozesses angesprochen und vorgenommen werden.
Das System des Kronberger Kreis basiert auf dem Situationsansatz und der deutschen Reformgeschichte im Kindergarten und Tagesstättenbereich. Es handelt sich nicht um ein festgelegtes, instrumentelles Verfahren und die Erziehung wird auch nicht als eine Technik verstanden. Der Kronberger Kreis versteht die Erziehung eher als eine Erfindung, als eine beabsichtigte oder unabsichtliche, planvolle bzw. zufällige Gestaltung, als Routine, als ein Experiment oder als einen Rückgriff auf Erfahrungen und Innovationen. Die Richtigkeit der Erziehung lässt sich nach diesem Verständnis nur über Reflexion und Dialog herausfinden und entscheiden. Die Praxis soll nach diesem Ansatz von allen Beteiligten durch Nach-

[74] Kronberger Kreis, Seelze 1998

denken und Sprache, also Dialog, in ihren Komplexen Elementen neu zusammengesetzt werden. Die einzelnen Elemente sollen beschrieben werden, überprüft und unterschieden, wie anschließend verglichen werden.
Eingerahmt von den fünf qualitativen Grundorientierungen, die da wären: Freundlichkeit, Partizipation/ Partnerschaft, Integration, Kontextorientierung und Bedarfsorientierung, vollzieht sich die dialogische Qualitätsentwicklung in vier wesentlichen Schritten.
Zum Ersten müssen die Haltungen aller Beteiligten im Hinblick auf die Qualitätsentwicklung und der Motivation, in der Erziehung besser zu werden, geklärt werden. Es folgt eine Bestandsaufnahme von dem, was in der Einrichtung positiv ist, um die Erfolgskriterien kennen zu lernen. Dann werden einzelne Praxisfelder unter Beachtung der verschiedenen Qualitätsdimensionen (Programm- und Prozessqualität, Leitungsqualität, Personalqualität, Einrichtungs- und Raumqualität, Trägerqualität, Kosten-Nutzen-Qualität und Förderung von Qualität) schrittweise untersucht, und abschließend gibt es eine Zusammenfassung der Ergebnisse und eine daraus resultierende Programmentwicklung für die weitere Qualitätsentwicklung.
Zu benennen wäre hier noch, dass man beim Kronberger Kreis nicht Standards im Sinne von Mindestanforderungen definiert, sondern beste Standards werden als Orientierung im Sinne selbstverpflichtender Entwicklungsziele aufgestellt. Diese Standards werden in erkenntnisleitende Fragen untergliedert, auch Leitfragen genannt. Diesen Fragen wiederum werden jeweils mehrere Indikatoren zugeordnet. Mit Blick auf diese Indikatoren kann die Praxis beschrieben werden. Die Indikatoren des Kronberger Kreis sind weitaus mehr als die der Kindergarten-Einschätz-Skala.
Um die erbrachte Dienstleistung aus Kundensicht zu evaluieren, werden Befragungen und Interviews mit Eltern und Kindern durchgeführt. Alle Verbesserungsvorschläge werden zusammengefasst und dann werden erneut alle Qualitätsentwicklungen evaluiert, was den Kreislauf schließt.[75]

[75] vgl.: P. Gerull, 2000, S. 74-75

Bewertung

Als Vorteil wäre zu sehen, dass sich die Auseinandersetzung mit der Qualität sofort auf die laufenden Prozesse auswirkt und durch die Selbstveränderung eine nachhaltige Wirkung erzielt wird. Ebenso sind die Kosten günstig, da die kreativen Kräfte der Beteiligten gefördert werden und demnach die dialogische Qualitätsentwicklung eine „Human capital" - Investition darstellt.[76]

Schwächen sind der hohe Zeitaufwand für alle Beteiligten, wie auch die Erfordernis von hochqualifizierten Qualitätsentwicklern und die geringe Menge quantifizierbare Daten zur Beurteilung der Qualität.

4.2. Kindergarten-Einschätzskala

Die Kindergarten-Einschätz-Skala ist die deutsche Adaption der Early Childhood Environment Rating Scale (ECERS). Sie wurde erarbeitet von Wolfgang Tietze, Käthe-Maria Schuster und Hans-Günther Rossbach nach Vorlage der wissenschaftlichen Arbeit von Thelma Harms und Richard M. Clifford.

Mit dem Ziel, die pädagogische Prozessqualität in Kindergartengruppen für Kinder von 3 – 6 Jahren festzustellen, bildet diese Analyse der pädagogischen Situation den Ausgangspunkt für die Qualitätsentwicklung vor Ort und für die Sicherung der Qualität durch den Träger und die Administration. Die Analyse liefert einen Gesamtwert der globalen Prozessqualität, aber ermöglicht durch ihre Unterteilung in 37 Items, welche ebenfalls in sieben übergreifende Bereiche untergliedert sind, auch differentielle Einblicke in die verschiedenen Einzelaspekte der Prozessqualität.

Die KES ist relativ einfach zu benutzen, womit sie nach einer entsprechenden Trainingszeit von verschiedenen Nutzern, Erzieherinnen und Leiterinnen der Einrichtungen, Fachberaterinnen, Fachkräften in der Aus- und Fortbildung wie auch von Wissenschaftlern für ihre jeweiligen Zwecke angewendet werden kann.

Die KES bietet vielfältige Nutzungsmöglichkeiten für alle Beteiligten. Neben einer sich selbstverständlich ergebenden Auseinandersetzung mit den einzelnen

[76] vgl.: R. Wolff, 1998, S. 17-25

Qualitätsaspekten können die konkreten Messergebnisse in einer Einrichtung bzw. Gruppe zur Evaluation (Selbstkontrolle und Verbesserung) und Selbstevaluation der eigenen Konzeption und Arbeit genutzt werden. Dem Erzieherinnenteam und den Leiterinnen wird ein genauer Überblick über die Qualität des Prozessgeschehens in der Einrichtung, vor allem in den einzelnen Gruppen ermöglicht. Dieser wiederum kann eine größere Sicherheit hinsichtlich der Qualität der eigenen Arbeit geben und auch Stärken und Schwächen der pädagogischen Arbeit identifizieren.

Für die Fachberatung stellt sich der Nutzen im Vergleich aller Einrichtungen und Gruppen im Einzugsgebiet der jeweiligen Fachberaterin deutlich dar. Der Vergleich ermöglicht den Fachberaterinnen eine eigene Prioritätensetzung hinsichtlich der Beratungen.

In der Aus- und Fortbildung können die in der KES verwendeten Qualitätskriterien für die reflektierende Auseinandersetzung mit Qualitätsfragen genutzt werden. Des Weiteren wird die Auseinandersetzung mit den verschiedenen Ansätzen zur Qualitätssicherung gefördert, wie auch die persönliche Entwicklung eines professionellen Verständnisses von pädagogischer Qualität.

Für die Wissenschaft bringt die KES einen bedeutenden Nutzen mit sich, weil sie von der amerikanischen Originalskala adaptiert ist, auf deren Grundlage es bereits viele Forschungen gibt. Endlich können deutsche wissenschaftliche Befunde in einen entsprechenden internationalen Bezugsrahmen eingeordnet werden.

Untersuchungsobjekt der KES ist nicht die gesamte Einrichtung, sondern die einzelne Gruppe. Ergebnisse der KES kommen zustande auf der Grundlage einer mehrstündigen Beobachtung, die idealer weise am Morgen beginnt, bevor die Kinder die Einrichtung betreten, und einer ergänzenden Befragung der Erzieherin. Um solche Beobachtungen, Befragungen und die anschließende Bewertung korrekt durchzuführen, bedarf es bei den Anwendern einem gründlichem Training und der stetigen Auseinandersetzung mit der Skala. Vorbereitende Erkundungen hinsichtlich der Räumlichkeiten, vorhandenes Beschäftigungs- und Lernmaterial, Aushängeschilder, Dokumentationen des Tagesablaufes gehören zu den notwendigen Arbeitsschritten des Beobachters. Das Training muss auch darauf ausgerichtet sein, die Aufmerksamkeit auf mehrere Sinne zu konzentrieren. Denn Hören und Sehen gleichzeitig ist die Voraussetzung zum Verständnis von Interaktionen.

Auch auf die Befragung der Erzieherin muss sich der Anwender der KES gut vorbereiten, denn er hat nur wenig Zeit, alle seine Fragen zu stellen, in der Regel eine Zeitstunde.[77]

Die Prozessqualität wird bei der KES in einem breiteren Sinne verstanden, was sich auch an den sieben übergeordneten Bereichen der einzelnen Items erkennen lässt. Sie umfasst sowohl Aspekte der räumlich-materiellen Ausstattung, wobei es hier nicht um das bloße Vorhandensein von Raum, Mobiliar und Spielmaterialien geht, sondern um die pädagogische Nutzung dieser Ressourcen. Des Weiteren umfasst die Prozessqualität die Interaktionen der Kinder untereinander, die Interaktionen zwischen Erzieherinnen und Kindern sowie die Interaktionen zwischen Erzieherinnen und Eltern.

Die Kindergarten-Einschätz-Skala ist nicht ausgerichtet auf ein spezielles pädagogisches Konzept, sondern kann unabhängig von dem verfolgten pädagogischen Konzept der Einrichtung zur Einschätzung der Prozessqualität herangezogen werden. Begründet ist dies in der Vielzahl der empirischen Untersuchungen zu frühkindlichen Betreuungs- und Erziehungsumwelten, bei denen Qualitätsstandards reflektiert wurden, die von Experten und Berufsorganisationen speziell in Nordamerika für eine kindgerechte und entwicklungsfördernde Umwelt als bedeutsam erachtet wurden. Ebenfalls auf diese Untersuchungen beruht die Bewertung der guten und unzureichenden Prozessqualität.

Als Basis bei der Auswahl und Formulierung der einzelnen Items der KES dienen nachfolgend genannte Grundorientierungen.

- „Kinder sind aktive Lerner; sie lernen durch ihre Aktivitäten, durch das, was sie tun, hören, erfahren und denken.
- Kinder lernen durch die Interaktionen mit ihren Eltern, Erzieherinnen und anderen Erwachsenen wie auch durch die Interaktionen mit anderen Kindern. Verbale und nonverbale Interaktionen mit Erwachsenen sind wichtig zur Anregung kindlicher Lernprozesse.
- Eine räumlich-materiale Umwelt, die so organisiert ist, dass Kinder maximal unabhängig und erfolgreich sein können, gibt den Kindern mehr Gelegenheit für produktive Interaktionen, Diskussionen und Freude.

---

[77] vgl. Tietze, W. , 1997, S. 48-49

- Kinder benötigen emotionale Wärme und räumliche Möglichkeiten, die ihrem Bedürfnis nach Sanftheit / Kuscheligkeit entgegenkommen, sowie vorhersagbare Routinen, um sich sicher und geschützt zu fühlen.
- Eine „gute“ Umwelt für Kinder sollte auch die Bedürfnisse der Erwachsenen, die in ihnen arbeiten, erfüllen.“[78]

Wie bereits erwähnt ist die KES eine Skala mit 37 Items, welche sich auf die Förderung der physiologischen, sozialen, kognitiven und emotionalen Entwicklung der Kinder beziehen. Sie sprechen auch einzelne Aufgaben der Erzieherinnen an. Diese Items sind untergliedert in sieben übergreifende Bereiche und werden mittels von sieben Beurteilungsstufen bewertet, wobei die nachfolgende Beschreibung der Beurteilungsstufen zu beachten ist: Von Bewertungsstufe 1 = unzureichende Qualität über Stufe 3 = minimale Qualität bis hin zu Stufe 5 = gute Qualität und die Stufe 7 = ausgezeichnete Qualität.

[78] zit. Tietze, W. , 1997, S. 11

Nachfolgend werde ich eine von Tietze übernommene Tabelle anführen in der deutlich wird, welche Items zu welchem Bereich gehören.

Die 37 Items der KES nach 7 übergreifenden Bereichen

I. Betreuung und Pflege der Kinder
1. Begrüßung und Verabschiedung
2. Mahlzeiten und Zwischenmahlzeiten
3. Ruhe und Schlafpausen
4. Toiletten
5. Körperpflege

II. Möbel und Ausstattung für Kinder
6. Ausstattung für regelmäßige Pflege und Versorgung
7. Ausstattung für Lernaktivitäten
8. Ausstattung für Entspannung und Behaglichkeit
9. Raumgestaltung
10. Kindbezogene Ausgestaltung

III. Sprachliche und kognitive Anregungen
11. Sprachverstehen
12. Sprachliche Ausdrucksfähigkeit
13. Kognitive Anregungen
14. Allgemeiner Sprachgebrauch

IV. Fein- und grobmotorische Aktivitäten
15. Feinmotorik
16. Beaufsichtigung und Anleitung bei feinmotorischen Aktivitäten
17. Platz für Grobmotorik
18. Ausstattung für Grobmotorik
19. Vorgesehene Zeit für Grobmotorik
20. Beaufsichtigung und Anleitung bei grobmotorischen Aktivitäten

V. Kreative Aktivitäten
21. Künstlerisches Gestalten
22. Musik/Bewegung
23. Bausteine
24. Sand/Wasser
25. Rollenspiele
26. Tagesablauf
27. Beaufsichtigung und Anleitung bei kreativen Aktivitäten

VI. Sozialentwicklung
28. Rückzugsmöglichkeiten für Kinder
29. Freispiel
30. Teilgruppenarbeit
31. Multikulturelle Erziehung
32. Atmosphäre
33. Vorkehrungen für Kinder mit besonderen Bedürfnissen

VII. Erzieherinnen und Eltern
34. Räumlichkeiten speziell für Erzieherinnen
35. Fortbildungsmöglichkeiten
36. Treffmöglichkeiten für erwachsene
37. Elternarbeit

Tietze, 1997, KES, S. 13

Die Auswertung der beobachteten Daten kann auf verschiedenen Ebenen stattfinden. Einmal können die 37 Items einzeln ausgewertet werden, was dann die feinste Auswertungsebene wäre. Zum anderen kann die Qualität auf der Ebene der sieben Bereiche ausgewertet werden. Hierfür ermittelt man den jeweiligen Mittelwert dieses Bereiches. Des Weiteren kann man eine allgemeine Beurteilung der pädagogischen Qualität einer Gruppe vornehmen, indem man die Summen aus allen sieben Bereichen der KES addiert und durch 37 dividiert, danach erreicht man wieder einen Wert der Bewertungsskala von 1-7.

Natürlich ist es auch möglich die vorhandenen Bereiche aufzulösen und eine Bewertung nach anderen Gesichtspunkten vorzunehmen. Die Items können nach gewünschtem Forschungsgegenstand neu gruppiert werden und man ermittelt wiederum deren Mittelwert.[79]

Die Kindergarten-Einschätz-Skala wurde bezüglich ihrer Objektivität, Reliabilität und ihrer Validität erprobt und gilt als ein abgesichertes Messinstrument. Da wir in Deutschland aber erst in den Kinderschuhen hinsichtlich der Qualitätsentwicklung in Kindertageseinrichtungen stehen und die Wissenschaft noch viele Forschungslücken aufweist, wäre eine Überprüfung der Validität der KES von Zeit zu Zeit sicherlich notwendig.

Bewertung

Als Vorteile der KES könnte man die gute Handhabbarkeit und Überschaubarkeit benennen, was unter anderem auch praktisch für die Selbstevaluation genutzt werden kann. Durch die Analyse stellt sich die Einrichtung ein Qualitätsprofil zusammen, in welchem die Stärken und Schwächen der einzelnen Gruppen zum Vorschein kommen. Die Kindergarten-Einschätz-Skala ist international anwendbar. Für die Einrichtungen sind vor allem die Bewertungsstufen wichtig, denn an ihnen kann man Ziele festlegen und entsprechende Maßnahmen ergreifen.

Von einigen Nutzern wird das Model für lückenhaft gehalten und da hier die Qualitätskriterien mit Verbesserungsstufen genau vorgegeben sind, besteht die Gefahr Potential zu verschenken, hinsichtlich der eigenen Ressourcen. Ein Mangel ist auch die einseitige Bewertung der Prozessqualität und das völlige Auslassen der anderen Qualitätsdimensionen.

---

[79] vg. Tietze, KES, 1997, S. 51

4.3. DIN EN ISO 9000 ff

Kurz die Klärung der Abkürzung. DIN steht für Deutsche Industrie Norm, EN für Europäische Norm und ISO für International Organization for Standardization. Die 9000 benennt die fortlaufende Nummer der Norm im Gesamtverzeichnis.
Der Qualitätsbegriff der ISO stellt die Interessen und Wünsche der Kunden in den Vordergrund. Dabei steht die Strukturqualität einer Organisation weit vor der Qualität der Dienstleistung, also im Kindertagesbetreuungsgeschäft die pädagogische Qualität und die Ergebnisqualität.
Mit der Anwendung der ISO 9000 verfolgt man also hauptsächlich das Ziel die Qualität der Organisation (Strukturqualität) festzustellen, zu entwickeln und zu sichern.
Ursprünglich wurde dieses Normierungsverfahren für die Industriewirtschaft zur Vereinfachung des Handels erstellt. Bis in den 60er Jahren des 20. Jahrhunderts herrschte die Vorstellung von Qualitätssicherung als eine Endkontrolle des Produktionsvorganges. Erst als die hohen Folgekosten einer späten Entdeckung von Qualitätsmängeln thematisiert wurden, erachtete man vorbeugende Maßnahmen zur Vermeidung von Fehlern als auch eine stärkere Einbeziehung von Mitarbeiter/innen in einen integrativen Qualitätssicherungsprozess für notwendig. Vor allem als die asiatischen „Schwellenländer" Produkte mit gleicher und sogar höherer Qualität, aber mit geringeren Kosten herstellten, und demnach den Kundenanforderungen durch hohe Zuverlässigkeit und einen niedrigen Preis gerecht wurden, sahen sich die amerikanischen und europäischen Unternehmen unter Druck gesetzt, denn es ging um ihre Existenzen. Man versuchte der asiatischen Konkurrenz mit internen Kostenreduktionen mittels Automatisierung oder Rationalisierung zu entgegnen. Doch Anfang der 90er Jahre musste wieder festgestellt werden, dass asiatische vor allem japanische Unternehmen weiterhin auf „Qualität" setzen, und damit Marktführer in einigen Branchen sind. Hinsichtlich Fehlerquoten und Verbesserungsvorschlägen sahen sich die Amerikaner und Europäer erneut der asiatischen Konkurrenz ausgesetzt, und das Thema Qualitätssicherung war neu geboren.[80]
Im Zuge der verschärften Wettbewerbssituation durch den schnellen Strukturwandel der Wirtschaft Anfang der 80er Jahre des 20. Jahrhunderts wurden nationale

---

[80] vgl. BMFSJ, 1996, S. 14 f.

Normen zu internationalen Normen und im Jahr 1987 kam es zu einer internationalen Vereinheitlichung der Qualitätssicherungssysteme. Ein international gültiges Gütesiegel wurde erschaffen, das so genannte „Zertifikat" und dieses stellte zu Beginn der „Zertifizierungsgesellschaft" einen Wettbewerbsvorteil dar, welcher heute nicht mehr gegeben ist, da das Zertifikat ein „Muss" geworden ist und jedes ausgewählte Unternehmen ein Zertifikat besitzt. Für die Unternehmen bzw. Betriebe stellt dieses Zertifikat heute eine notwendige Bedingung dar, um Zugang zu den nationalen und internationalen Märkten zu bekommen.

Die Anwendung der DIN EN ISO 9000 ff. breitete sich bald auch auf den Dienstleistungssektor aus, auch im sozialen Bereich.

Die bisherige Normenfamilie ISO 9000 ff. von 1994 wurde reformiert. Bisher beinhaltete die ISO 9001 zwanzig Forderungen, die den gesamten Leistungserstellungsprozess abdeckten und ein Anforderungsstandard festschrieben, der die Grundlage einer Zertifizierung sein konnte. Ende des Jahres 2000 wurde die alte Normenreihe von einer neuen, der ISO 9000:2000 abgelöst. Die bisher gültigen, relativ statischen 20 Elemente der ISO 9001, welche im Anhang noch einmal abgebildet sind, wurden auf acht verkürzt, auf Grund der nicht genügend realistischen Abbildung der betrieblichen Abläufe. Ein anderer notwendiger Grund für die Reformierung war die ständige Erweiterung des Normenwerkes und der damit einhergehenden zunehmenden Unüberschaubarkeit. Für kleinere und mittlere Unternehmen war eine sachbezogene Anwendung der Normen nur unter größten Anstrengungen möglich. Und außerdem war bisher eine Kombination mit anderen Managementsystemen nicht oder nur schlecht umzusetzen, was bedeutet, dass die Anwendung der ISO Normen die Entwicklung eines integrierten Managementsystems behinderte.[81]

[81] vgl. Thoms, Klaus: Neufassung der ISO 9000 ff., 2002

Man hat die 25 bisherigen Normen, Leitfäden und Normentwürfe auf nur vier konzentriert und diese sind:

- ISO 9000:2000: Qualitätsmanagementsysteme Grundlagen und Begriffe
- ISO 9001:2000: Qualitätsmanagementsysteme Forderungen (bisher: ISO 9001/9002/9003)
- ISO 9004:2000: Qualitätsmanagementsysteme Leitfaden zur Leistungsverbesserung
- ISO 19011:2001: Auditleitfaden für Qualitäts- und Umweltmanagementsysteme, (bisher: ISO10011)

Die neue Norm ist gleichermaßen gut geeignet zur Anwendung für Hersteller, Dienstleister, für Software-Entwickler sowie für Lieferanten. Eine stärkere Betonung für die Verantwortung der Leitung liegt vor. Sie kann einen Qualitätsmanagementbeauftragten benennen, welcher ebenfalls dem Führungspersonal angehört. Bei den ISO Normen wird weiterhin die Prozessorientierung in den Vordergrund gestellt. Qualitätsziele und Qualitätsplanung sind auf Funktionen und Ebenen abzustimmen. Das Qualitätsmanagementsystem entspricht besser dem betrieblichen Geschehen. Bewertung und Optimierung von Prozessen und Schnittstellen werden erleichtert. Die bisherigen 20 Qualitätsmanagement-Elemente verteilen sich jetzt auf die einzelnen Prozesse, also dorthin, wo sie natürlicherweise auch hingehören. Nach der neuen DIN EN ISO 9001 ist es erlaubt, bestimmte Nachweisforderungen auszuschließen und damit das Qualitätsmanagementsystem auf die betrieblichen Belange zuzuschneiden. Es ist jetzt daher einfacher die betrieblichen Abläufe im Qualitätsmanagementsystem und insbesondere in der Qualitätsmanagementdokumentation abzubilden. Die Dokumentation des Qualitätsmanagementsystem erfolgt im Qualitätsmanagementhandbuch, den Verfahrensanweisungen, den Arbeitsanweisungen und ggf. den Qualitätsaufzeichnungen. Das Qualitätsmanagementhandbuch sollte gelenkt sein und nur die nachfolgenden 6 dokumentierten Verfahren enthalten: Lenkung von Dokumenten; Lenkung von Qualitätsaufzeichnungen; interne Audits; Lenkung von Fehlern; Korrekturmaßnahmen und Vorbeugungsmaßnahmen. Die Gliederung des Qualitätsmanagementhandbuches orientiert sich in der Regel an den betrieblichen Prozessen. Der Aufbau der Dokumentation soll anhand folgender Grafik veranschaulicht werden:

Abbildung 3 - Quelle[82]

Die Kundenzufriedenheit wird als ein Kriterium für die Wirksamkeit des Qualitätsmanagementsystems herangezogen, weshalb jetzt die Ermittlung von Kundenerwartungen und Kundenzufriedenheit gefordert wird. Eine ständige Überprüfung der Produkte auf Erfüllung der Marktanforderungen und produktspezifischen Vorgaben obliegt den Unternehmen. Im Fokus stehen auch die Mitarbeiter, auf deren Qualifizierung geachtet werden sollte, damit diese die ihnen übertragenen Aufgaben ordnungsgemäß durchführen können. Hier wäre zu ergänzen, dass die Wirksamkeit von Schulungen beurteilt werden soll.

Eine Erleichterung der Arbeit mit den ISO 9000 ff. besteht auch darin, dass die DIN EN ISO 9001:2000 und die DIN EN ISO 9004:2000 ein konsistentes Paar darstellen, das im strukturellen Aufbau identisch ist Das bedeutet, dass die Querbeziehungen zu einander transparent erscheinen.

Die neue Norm ermöglicht eine einfachere Einbindung anderer Managementsysteme, womit der Entwicklung eines integrierten Qualitätsmanagementsystems nichts mehr im Wege steht. Die neue DIN EN ISO 9001:2000, insbesondere aber die DIN EN ISO 9004:2000, bietet Unternehmen einen Anreiz zur Weiterentwicklung ihres Qualitätsmanagementsystems oberhalb des "Pflichtbereiches" der bis-

---

[82] vgl.: Thoms, K. Fragen und Antworten zum Qualitätsmanagement nach DIN EN ISO 9000:2000 ff.

herigen DIN EN ISO 9001. Sie ermöglicht damit eine Entwicklung in Richtung "Total Quality Management" (TQM).
Eine Verpflichtung zur kontinuierlichen Verbesserung muss in der Qualitätspolitik der Einrichtung/ des Unternehmens festgeschrieben sein. Hauptsächlich steht die Verbesserung der Wirksamkeit des Qualitätsmanagementsystems im Vordergrund.

Die neue Norm ISO 9001 beinhaltet die acht nachfolgenden Qualitätsmanagement-Grundsätze:

- *Kundenorientierung* (Die gegenwärtigen und in Zukunft relevant werdenden Kundenwünsche müssen vom Unternehmen erkannt und verstanden werden. Eine Erfüllung dieser und wenn möglich ein Übertreffen dieser sind anzustreben.)
- *Führung* (Die Leitung legt einheitliche Ziele fest sowie auch die interne Organisation. Sie hat dafür Sorge zu tragen, dass das Arbeitsumfeld der Mitarbeiter so beschaffen ist, das diese sich ganz für die Zielerreichung einsetzen.)
- *Einbeziehung der Menschen* (Da die Menschen unverzichtbar für die Organisation sind, sollten sie vollständig mit einbezogen werden, denn nur so kann ein größtmöglicher Nutzen geschaffen werden.)
- *Prozessorientierter Ansatz* (Um die Ziele effizient zu erreichen, sollen Mittel und Tätigkeiten in Zukunft als ein Prozess gelenkt und geleitet werden.)
- *Systemorientierter Managementansatz* (Um die Organisation wirksamer und effizienter zu gestalten, ist es zwingend notwendig, die Prozesse, welche in Wechselwirkung stehen, zu erkennen, zu verstehen, zu leiten und zu lenken.)
- *Ständige Verbesserung* (Dies sollte ein permanentes Ziel der Organisation sein)
- *Sachlicher Ansatz zu Entscheidungsfindung* (Wirksame Entscheidungen sollten getroffen werden mittels logischer und intuitiver Analyse von daten und Informationen)

- *Lieferantenbeziehungen zum gegenseitigen Nutzen* (Es sollten Beziehungen zwischen Organisation und Lieferant gefördert werden um gemeinsame Werte zu schaffen, die zu einer Steigerung des gegenseitigen Nutzen führen könnten)

Der ablauforientierte Aufbau eines Qualitätsmanagementsystems nach der revidierten Normenreihe DIN EN ISO 9000:2000ff. zeigt deutlich den Ausgangspunkt jeder Produkterstellung oder Dienstleistung in den Markt- und Kundenforderungen. Der Kundenbedarf wird ermittelt und im Leistungserstellungsprozess realisiert. Zur Weiterentwicklung der Produkte und zur Optimierung der Abläufe wird die Kundenzufriedenheit festgestellt.

Die unten aufgeführte Grafik soll dieses Qualitätsmanagementsystem noch einmal bildlich darstellen.

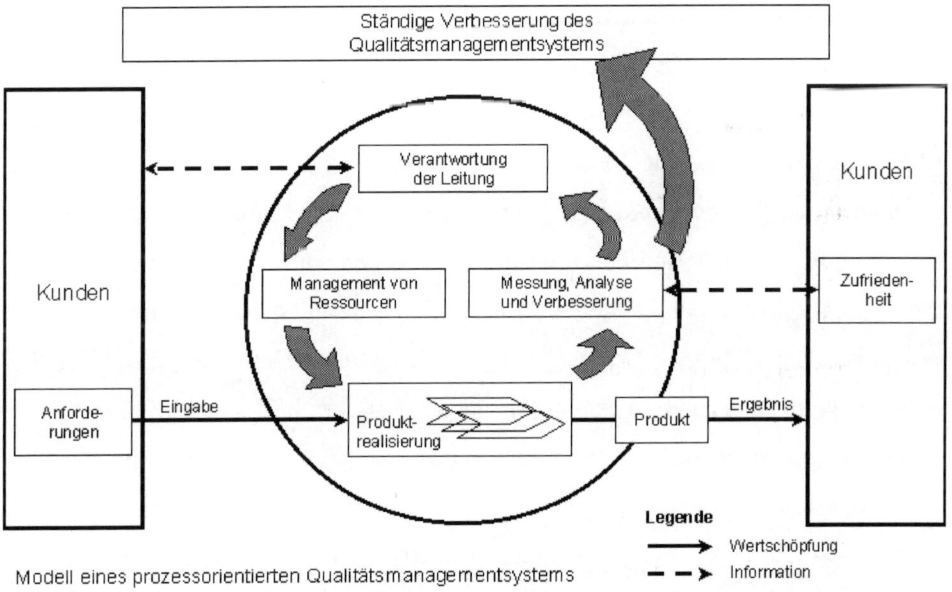

Abbildung 4 - Quelle[83]

Für den Kindergartenbereich wurde bereits ein Übersetzungsversuch unternommen, welcher aber nur für die alte ISO 9001 gilt und demnach 20 Elemente enthält. Dieses hier noch auszuführen sehe ich nicht als notwendig, denn jedes Un-

[83] vgl.: URL.: http://www.qumsult.de, (19.10.2002)

ternehmen und somit auch jede Kindertageseinrichtung sollte die Übersetzung alleine vornehmen, schon deshalb, weil somit eine bessere Identifizierung mit dem Qualitätsmanagementsystem angeregt wird. Auch sollten bereits die neuen acht Elemente angewendet werden, denn diese sind weitaus übersichtlicher. Zum Nachlesen stelle ich die alten 20 Elemente mit Übersetzungsversuch für den Kindertagesbetreuungsbereich in den Anhang.

Bewertung

Ein Qualitätsmanagementsystem nach der neuen Normenreihe umfasst das gesamte Unternehmen von der Analyse der Marktforderungen bis zur Erhebung der Kundenzufriedenheit, es beleuchtet aber auch die anderen "interessierten Parteien", das sind Mitarbeiter, Lieferanten, Eigentümer und Gesellschaft. Das bedeutet unter anderem, dass nach der neuen Norm erstmals im Qualitätsmanagementsystem Forderungen bezüglich Effektivität der Prozesse und Effizienz der Gesamtleistungen gestellt werden. Verstärkt sind auch die Forderungen zur Identifizierung von Risiken und nach Maßnahmen zu deren Beherrschung. Insgesamt erkennt man, dass die neue Nomenreihe der ISO 9000:2000 alle Ziele und Maßnahmen in den Vordergrund stellt, die Kundenzufriedenheit sichern und das Vertrauen in die Produkte und Dienstleistungen erhöhen. Ein weiterer Vorteil der ISO 9000 ist ihre Anpassungsfähigkeit für jedes Unternehmen, also auch Kinderbetreuungseinrichtungen. Durch die sehr umfangreiche Dokumentation aller Prozesse ist eine Transparenz gegeben, die es ermöglicht, Stärken und Schwächen zu erkennen und entsprechende Maßnahmen zu ergreifen. Auch im Rahmen der Kostentransparenz und der stetigen Notwendigkeit von Einsparungen erweist sich das Qualitätshandbuch als ein positives Instrument. Es liefert ein brauchbares Nachschlagewerk für alle Beteiligten und liefert Handlungsanleitungen. Durch die Auseinandersetzung mit „fremden“ Denkmodellen wird das eigene Denkmodell bereichert und hinterfragt, wie auch neues Wissen angeeignet. Die Normen helfen bei der Qualitätsentwicklung, auch wenn es nicht zu einer Zertifizierung kommt, denn diese ist nicht zwingend. Im Falle einer Zertifizierung ist der Vorteil der branchenübergreifenden Kommunizierbarkeit zu erwähnen.

Im Prinzip wurde die ISO 9000 geschaffen für die ausschließliche Überprüfung der Qualitätssicherung, und über inhaltliche Qualitätskriterien sagt sie nicht aus. Nachteilig wirkt sich auch die fachfremde Sprache aus, die wie bereits erwähnt immer erst für die jeweilige Einrichtung übersetzt werden muss. Das gesamte Qualitätsmanagementsystem erfordert einen hohen personellen und zeitlichen Aufwand. Für Kindertageseinrichtungen ist von einer Zertifizierung abzuraten, da diese mit hohen Kosten verbunden ist und eine ständige Nachauditierung erfordert, um ihre Gültigkeit beizubehalten. Sie sagt auch nichts über die inhaltliche Qualität der Leistung einer Einrichtung aus. Mit der Zunahme von Zertifizierungen hat diese auch ihren Wert für den Wettbewerb verloren. Für die Kindertagesbetreuung ist die starke Gewichtung der Kundenorientierung nur zum Teil machbar, denn hier müssen auch die öffentlich rechtlichen Vorgaben und die Interessen als auch pädagogischen Ansprüche der Fachlichkeit gewahrt werden.
Wendet man nur einzig die DIN EN ISO 9000 an, besteht die Gefahr, dass sich diese als innovationshemmend herausstellt, denn von innen heraus gibt es dann kaum eine Chance, das Qualitätsmanagement mit Leben und Kreativität zu füllen. Eher wird es den Mitarbeitern lästig und sie sind nicht davon überzeugt, weil man alles von außen auferlegt bekommt.

4.4. Total Quality Management (TQM)

Das TQM wurde entwickelt aus dem European Foundation for Quality Management (EFQM). Bei ihm steht die Verbesserung der Leistung für den Kunden mittels Qualitätsmanagement im Vordergrund. Dabei wird die kontinuierliche Verbesserung aller Prozesse hinsichtlich der Strukturqualität, der Prozessqualität und der Ergebnisqualität an den Besten, an der „Exzellenz" ausgerichtet (siehe auch Benchmarking).
Das TQM hat die Qualitätsfeststellung, -entwicklung und -sicherung zum Ziel. Seinen Ursprung hat dieses Qualitätsmanagementsystem in einer Initiative von 14 europäischen Großunternehmen im Jahr 1988. Zur Qualitätsfeststellung können die ISO 9000 Normen angewendet werden, womit gesagt ist, dass diese nur einen

Bestandteil, den Einstieg in das total umfassende Qualitätsmanagement darstellen.[84]

Es ist sehr flexibel und offen und somit ist gewährleistet, dass es von Organisationen unterschiedlichster Größen, Branchen, auf dem öffentlichen wie privaten Sektor angewendet werden kann. Demnach bietet es auch kein pädagogisches Konzept.

Der Anreiz, ein Höchstmaß an Qualität zu erlangen, ist beim TQM nicht das Zertifikat, sondern eine jährlich stattfindende Auslobung des Europäischen Qualitätspreises dem „European Quality Award". Der dort stattfindende Vergleich ist branchenübergreifend, national wie international ausgerichtet und bewertet die umfassende Qualitätssicherung und -entwicklung in allen Bereichen einer Organisation. Die Teilnahme an diesen Wettbewerb oder an einer externen Beurteilung der Qualitätsstandards durch TQM-Assessoren ist erst möglich, wenn die Organisation mindestens drei Jahre bei der Arbeit mit diesem Managementsystem Erfahrungen gesammelt hat und solide Fortschritte nachweisen und entsprechend belegen können. Natürlich ist auch hier die Nutzung des Modells ohne Wettbewerb und Beurteilung möglich, zum Beispiel dient es bereits als Basis für die Selbstanalyse und Selbstevaluation.

Im Gegensatz zu den ISO-Normen ist der Fokus bei dem TQM viel breiter gestaltet. Nicht die bloße Erfüllung formaler Anforderungen steht hier im Mittelpunkt, sondern es werden konkrete Qualitätskriterien genannt.

Vielschichtigkeit und der Bezug zum technischen als auch sozialen System der Organisation kennzeichnen das TQM. Eine tragende Rolle dabei spielt auch die Unternehmenskultur, da es für die Verbesserung der Qualität unabdingbar ist, dass im gesamten Unternehmen ein qualitätsbezogener, gemeinsamer Wertehorizont vorhanden ist. Es geht dabei auch um die Vermittlung neuer Werte bzw. um die Korrektur vorhandener Werte. Eine komplette Qualitätsphilosophie gehört also zum Inhalt des TQM. Die absolute Kundenorientierung (extern und intern), die Aufnahme der Qualität als oberstes Organisationsziel, die kontinuierliche und dynamische Qualitätsverbesserung und die Forderung, dass alle Mitarbeiter dauerhaft für Qualität zuständig, also selbst „Qualitätsmanager" sind, bilden die Schwerpunkte der Qualitätsphilosophie.

---

[84] vgl. BMFSFJ, Qs4, 1996, S. 41

Über die ISO-Normen hinaus schließt das TQM im Rahmen des technischen Systems eine Aufbauorganisation, ein konsistentes Führungskonzept und „TQM-Prinzipien“ ein. Im Rahmen des sozialen Systems umfasst es Elemente, wie partizipativer Führungsstil, Teamarbeit und kontinuierliche Verbesserung durch ständiges Lernen, welche gleichberechtigt zueinander stehen.[85]
Auch liegt beim TQM, wie bei den ISO-Normen eine starke Gewichtung der Prozessorientierung vor. Ebenfalls liegt der Schwerpunkt auf der Optimierung von Produktions- bzw. Dienstleistungsprozessen durch präventive Maßnahmen.

Totales Qualitätsmanagement als Organisationsentwicklung beginnt bei der Überprüfung des Ist-Standes einer Einrichtung. Unter Einbeziehung aller internen und externen „Schnittstellen“ wird eine grundlegende Analyse der Stärken und Schwächen des gesamten Dienstleistungsprozesses erarbeitet.
Zur Feststellung der Qualitätsstandards sind nachfolgende Dimensionen, auch Schlüsselfaktoren genannt, von Bedeutung. Man spricht auch von dem 9.Felder-Modell, denn es handelt sich um neun Dimensionen, die anhand von Schlüsselfragen geklärt werden können. Die Felder unterteilen sich in zwei gleichwertige Gruppen, zum einen sind das die „Befähiger“- die betrieblichen Strukturen und Prozesse (qualitätsfördernde Gestaltungsfaktoren) und die andere Gruppe sind die Ergebnisse der Qualitätsaktivitäten.

Betriebliche Strukturen und Prozesse

a. Die Leitung der gesamten Einrichtung, Organisation

Weise nach, dass die Führung/Führungskräfte das Leitbild und die Organisationskultur für hervorragende Leistungen schaffen und leben, selbst vorbildhaft handeln und gemeinsam mit den Mitarbeitern die Einrichtung und die Aufgabenfelder qualitäts- und zukunftsorientiert weiterentwickeln! Was sind die Indikatoren dafür?

---

[85] vgl. BMFSFJ, Qs4, 1996, S. 43

b. Personalmanagement, Mitarbeiterorientierung

Weise nach, dass du Qualität und Kompetenz des Personals kennst und stärkst, so dass der Auftrag und die Kundenerwartung bestmöglich erfüllt werden! Was sind die Indikatoren dafür?

c. Organisation, Politik und Strategie

Weise nach, dass die Einrichtung so ausgerichtet ist, dass der Auftrag und die Kundenerwartung bestmöglich erfüllt werden können! Was sind die Indikatoren dafür?

d. Ressourcenmanagement

Weise nach, dass du die Ressourcen so nutzt, dass dein Auftrag und die Erwartungen der Kunden bestmöglich erfüllt werden! Was sind die Indikatoren dafür?

e. Prozesse der Planung, Erstellung, Lieferung, Kontrolle, Bewertung und Verbesserung der Dienstleistung

- *Prozesse*: Weise nach, dass du die Schlüsselprozesse kennst!
- *Input*: Weise nach, dass nur die Voraussetzungen in die Erstellung der Leistung eingehen, die gewährleisten, dass die Qualität gesichert und die Erwartungen bestmöglich erfüllt werden! Nenne Indikatoren dazu!
- *Erstellung der Leistung*: Weise nach, dass nur gesicherte, permanent überprüfte und verbesserte Verfahren zur Erstellung der Leistung herangezogen werden, damit sie den externen und internen Ansprüchen bestmöglich genügt! Nenne Indikatoren dazu!
- *Output*: Weise nach, dass nur eine solche Leistung herausgegeben, welche die Erwartungen der beteiligten bestmöglich erfüllt! Nenne Indikatoren dazu!

Ergebnis der Qualitätsaktivitäten

f. Mitarbeiterzufriedenheit

Weise nach, dass du weist, wie die Mitarbeiter die Leistungen und die Organisation bewerten, und dass du Indikatoren hast, an denen du die Leistungen der Mitarbeiter und ihre Zufriedenheit misst!

g. Kundenzufriedenheit

Weise nach, dass du weist, wie deine Kunden die Leistungen bewerten, und dass du Indikatoren hast, an denen du die Zufriedenheit misst!

h. Gesellschaftliche Verantwortung/ Image und Anerkennung

Weise nach, dass du weist, wie deine Fach- und Umwelt deine Leistungen anerkennt, und dass du Indikatoren hast, an denen du die Wertschätzung misst.

i. Geschäftsergebnisse quantitativ und qualitativ

Weise nach, dass du Übersicht in allen Leistungsbereichen des Unternehmens hast, dass du Indikatoren und Messgrößen, an denen du sie misst.

Was besonders hervortritt im Gegensatz zum ISO-Verfahren ist der Schlüsselfaktor des Personalmanagement und die Einbeziehung der gesamten Mitarbeiterschaft, wie auch deren Zufriedenheit. Aber auch der Wert der gesellschaftlichen Anerkennung ist ein neuer Aspekt des Qualitätsmanagement.

Bei einer Bewertung sollte die Gewichtung der einzelnen Schlüsselfaktoren wie im nachstehenden Diagramm aussehen.

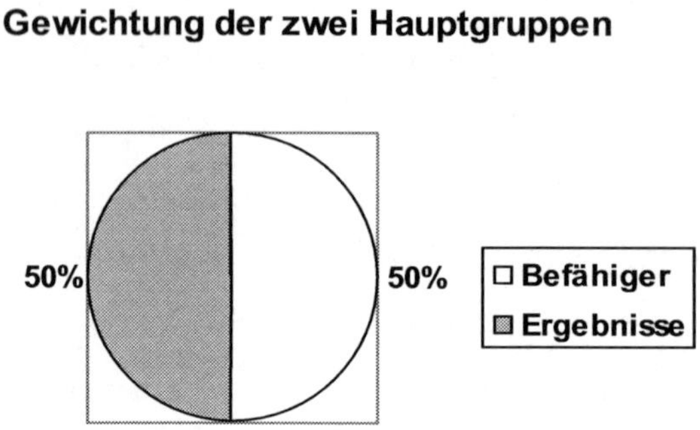

Abbildung 5

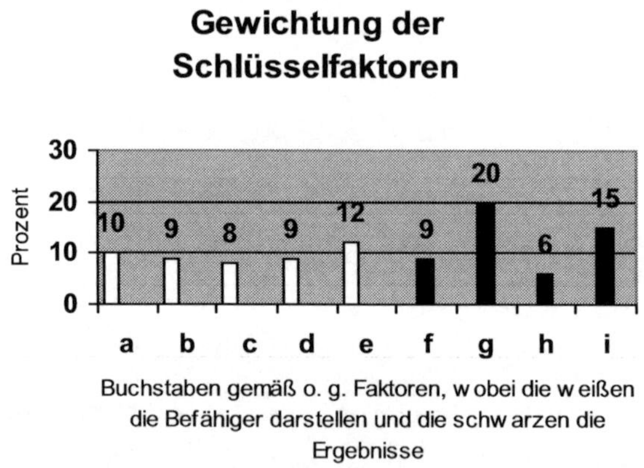

Abbildung 6

Bei einer genauen Betrachtung fällt auf, dass die Schlüsselfaktoren „Kundenzufriedenheit“ gefolgt von den „Geschäftsergebnissen“ den höchsten Stellenwert einnehmen. Beide Felder gehören zur Gruppe der Ergebnisse, woraus sich schließen lässt, dass dem Qualitativ gutem Endprodukt mehr Wert zugemessen wird als dem Prozess der Qualitätssicherung, wie es bei den ISO-Normen der Fall ist.

Der im Vergleich zu den anderen Schlüsselfaktoren relativ niedrige Wert der gesellschaftlichen Anerkennung und Verantwortung sollte in sozialen Einrichtungen einen etwas höheren Wert erzielen, denn hiervon sind die Finanzierungen abhängig.

Nachdem die Einrichtung eine Bestandsaufnahme nach dem 9-Felder-Modell vorgenommen hat, werden in Zusammenarbeit mit allen Beteiligten, einschließlich der Eltern und Mitarbeiter, eventuelle Mängel innerhalb der Schlüsselprozesse herausgefiltert. Nach einer Selektion bestimmter Bereiche erfolgt die Erarbeitung von Qualitätsstandards, dem Soll-Stand. Es werden klare Ziele formuliert und konkrete Maßnahmepläne zu deren Umsetzung erarbeitet. Das TQM stellt besondere Anforderungen an die Ziele. Sie müssen *spezifisch* sein, d. h. verbunden mit konkreten Aktionen. *Messbarkeit* für die Ergebnisbewertung und *Terminierung*, um in vorgegebenen Zeitabschnitten kleine Ziele und Maßnahmen zu überprüfen, gehören zu den Anforderungen wie auch die *Akzeptanz*, ob das Ziel in die Situation und die Kultur der Einrichtung passt. Hier wird noch einmal die bedeutende Rolle der Qualitätsphilosophie hervorgehoben. Zu guter Letzt ist es vor allem für die Motivation aller erforderlich, dass die gesetzten Ziele auch *realistisch*, d. h. erreichbar und umsetzbar sind. Falls es nötig ist, können Ziele auch entsprechend eingeschränkt werden.

Ein Qualitätsmanagement auf der Grundlage des TQM ist prozesshaft und auf Dauer angelegt. Es ist wertbezogen und orientiert sich an Strategie und Zukunft. Es sollte in einen längerfristigen Organisationsentwicklungsprozess eingebunden sein. Man sollte die Abfolge der einzelnen Schritte in einen Kreislauf übernehmen, und immer wieder schauen, wo noch Verbesserungen möglich sind. Hilfreich sind hier das Benchmarking und die Evaluationsverfahren.

Bewertung

Vorteilhaft beim TQM stellt sich die starke Orientierung an den Kunden und dem Personal heraus. Somit ist eine vollständige Identifizierung mit dem Qualitätsverbesserungsprozess möglich. Des Weiteren sehe ich einen Vorteil darin, dass man mit dem TQM ein „Werkzeugkasten" hat, mit dem man von innen heraus die Qualität verbessern kann. Es besteht kein von außen auferlegtes „Soll", im Gegenteil das „Soll" nach TQM wird eigenständig erarbeitet, was wiederum zur Identifizierung mit dem Qualitätsverbesserungsprozess wie auch zur Motivation der Mitarbeiter führt. Der Kreativität sind, solange alles an den Anforderungen der Ziele entspricht, keine Grenzen gesetzt.

Ein Vorteil ist auch die Flexibilität und Offenheit, so dass es in allen Organisationen angewendet werden kann.

Als ein Nachteil ist auch bei diesem Qualitätsmanagement der hohe Zeitaufwand zu sehen. Dem jedoch entgegenzusetzen wäre, dass ein Qualitätsmanagement nicht nur von kurzer Dauer sein soll, wenn es erfolgreich werden will. Der Aufwand für Dokumentationen ist sehr umfangreich.

4.5. IQUE Integrierte Qualitäts- und Personalentwicklung[86]

IQUE - steht für "Integrierte Qualitäts- und Personalentwicklung" und wird als Instrument zur systematischen Professionalisierung pädagogischer Arbeit eingesetzt. Das Konzept entstand 1996 in der Werkstatt zur Qualitätsentwicklung. Dazu trafen sich Leiterinnen, Eltern und Mitarbeiterinnen aus Kindertageseinrichtungen des Berliner Stadtbezirks Reinickendorf, um pädagogische Qualitätskriterien festzulegen und Qualitätsstandards in 60 Einrichtungen einzuführen. 1999 wurde das Konzept im "Werkstatthandbuch zur Qualitätsentwicklung in Kindertagesstätten" vorgestellt.
Integrierte Qualitäts- und Personalentwicklung stellt ein übersichtliches und gut strukturiertes Verfahren zur Qualitätsentwicklung in Kindertageseinrichtungen dar, das auf der systematischen Professionalisierung der pädagogischen Arbeit basiert. Transparenz des professionellen Handelns im pädagogischen Alltag wird durch die Erstellung von Zielvereinbarungen in den Kindertageseinrichtungen ermöglicht. Die wesentlichen Elemente des Konzeptes sind:

- Beteiligung von Leiterinnen, Erzieherinnen, Eltern und Träger bei der Entwicklung der Leitsätze und Indikatoren.
- Systematische Qualifizierung der Leiterinnen sowohl für den fachlichen Transfer der pädagogischen Qualitätsstandards als auch für ihre Steuerungs- und Moderationsaufgaben.
- Verstärkte Auseinandersetzung über pädagogische Themen im Team durch Erarbeitung von Zielvereinbarungen.

---

[86] vgl. Ziesche, U., 1999

Grundlage bildet die eingangs stattfindende Erarbeitung von Leitsätzen und Indikatoren zu Schlüsselsituationen. Während eines dreitägigen Workshops werden Einrichtungs- und trägerübergreifend von Elternvertreterinnen, Erzieherinnen, Leiterinnen, einer Fachberaterin und einem Qualitätsbeauftragten Leitsätze und Indikatoren erarbeitet, in die fachliche Positionen ebenso einfließen wie die unterschiedlichen Interessen der Beteiligten. Die anschließende systematische fachliche und methodische Qualifizierung verfolgt das Ziel, Leiterinnen in die Lage zu versetzen, Fortbildungen zum Thema in den eigenen Einrichtungen durchzuführen und anschließend die Erarbeitung der Zielvereinbarungen zu den Leitsätzen zu moderieren. Die Begleitung der Fachberaterin vor Ort sowie Leiterinnentreffen während des Prozesses dienen der weiteren Unterstützung der Arbeit in den Teams.

Die Qualitätswerkstatt gliedert sich in zwei Teile, hinzu kommt eine Moderationsfibel im Anhang. Eine Vielzahl von Arbeitsblättern (z.B. zu inhaltlichen Schwerpunkten, Arbeitsschritten nach IQUE und Abläufe von Dienstbesprechungen und Teamtagen) helfen eigene Prozesse umzusetzen.

Im ersten Teil des Werkstatthandbuches werden inhaltliche und methodische Arbeitsschritte zur Erarbeitung der Leitsätze und Indikatoren des ersten Workshops dargestellt. Inhalte sind:

- Integrierte Qualitäts- und Personalentwicklung (IQUE)
- Rahmenbedingungen
- Leitsätze und Indikatoren zu Schlüsselsituationen
- Arbeitsschritte

Der zweite Teil des Werkstatthandbuches widmet sich der Darstellung der systematischen Qualifizierung der Leiterinnen als Multiplikatorinnen in zwei dreitägigen Workshops. Inhalte:

- Von der Erarbeitung der Leitsätze zur Umsetzung im Team
- Leiterinnen als Multiplikatorinnen
- Rahmenbedingungen und Personenkreis
- Stellenwert der Moderation für den Umsetzungsprozess
- Erster Workshop mit Leiterinnen zur fachlichen Qualifizierung der Teams

- Die Zielvereinbarung — Zehn Arbeitsschritte
- Zweiter Workshop mit Leiterinnen zur Erarbeitung von Zielvereinbarungen

Die Qualitätswerkstatt schließt mit einer Moderationsfibel im Anhang und Literatur zur Moderation und den Schlüsselqualifikationen. Im Anhang können sie sich das Modell zur Qualitätsentwicklung anschauen – „Die Werkstatt auf einen Blick"

Bewertung

Die Struktur des Konzeptes regt das pädagogische Team dazu an, die Arbeit neu zu überdenken, indem es auf Elemente wie Zielbestimmungen und -vereinbarungen ebenso baut, wie auf eine Selbstreflexion und Selbsteinschätzung der eigenen Arbeit und Person.
Eine Weiterqualifizierung des Personals und eine realistische und zeitgemäße Weiterentwicklung gängiger Kindertageseinrichtungspraxis sowie ein moderierter Austausch mit anderen Einrichtungen, fördern zugleich vernetztes Arbeiten.
Das dargestellte Verfahren eignet sich insbesondere für einrichtungs- und trägerübergreifende Qualitätsentwicklungsprozesse, da hier die nötige Umsetzung der Konzeptelemente realistischer ist als für einzelne Einrichtungen.
Die von Anfang an aktive Rolle aller an dem Konzept Beteiligten, erfordert einen hohen personellen Aufwand und damit verbunden auch viel Zeit, welches jedoch durch praxisnahe, langfristige Perspektiven kompensiert wird.

4.6. Das KitaManagementKonzept[87]

Auf der Grundlage mehrerer Qualitätskonzepte entstand das KitaManagementkonzept, womit es eine umfassende theoretische Perspektive und einen praktischen Zugriff auf die Weiterentwicklung der Gesamtqualität einer Einrichtung bietet. Die Ziele Qualitätsfeststellung, -entwicklung und -sicherung erfolgen auf drei Dimensionen, welche wiederum zueinander in Wechselwirkung stehen. Im unten aufgeführten Schema sind die Dimensionen dargestellt.

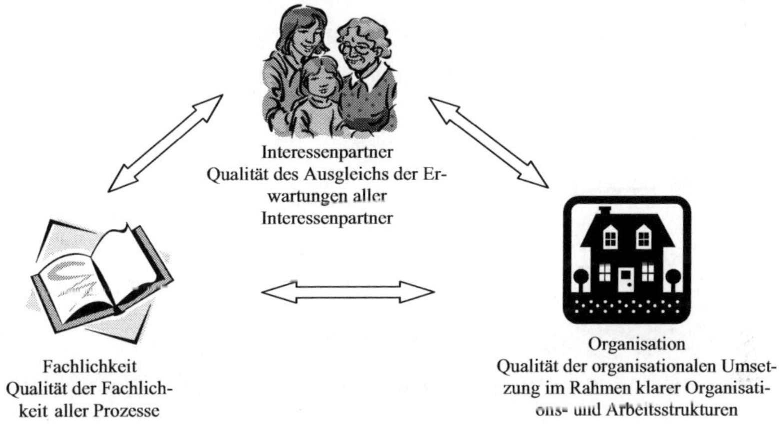

Abbildung 7 - Quelle[88]

Die Aufgabe des Managements der Einrichtung besteht darin, eine optimale Qualität zu erlangen, in dem den drei Qualitätsdimensionen angemessen Rechnung getragen wird. Auf diese **Dimensionen** möchte ich etwas genauer eingehen, denn sie machen die Gesamtqualität einer Kindertageseinrichtung aus.

Die Orientierung an den Interessenpartnern, die *interaktive Dimension*, weist darauf hin, wie wichtig es für die Qualitätsentwicklung ist, sich mit allen am Prozess Beteiligten auseinanderzusetzen. Umso besser es gelingt, die unterschiedlichen und sich stets ändernden Erwartungen und Wertorientierungen gemeinsam mit

[87] vgl. Erath, P./Amberger, C., 2000, S. 38ff.
[88] vgl. Erath/Amberger, 2000, S. 40

allen Interessenpartnern auszuhandeln und in die Organisation zu integrieren, desto höher ist die Qualität der Einrichtung. Zu den Interessenpartnern einer Kindertageseinrichtung gehören die Eltern und Kinder als Nutzer, die Mitarbeiterinnen und die Fachöffentlichkeit sowie die Träger und Kommunen als Finanziers. Grundlegend von Bedeutung sind Partizipation und Vertrauen, welches die Interessenpartner zueinander haben müssen und nur durch Transparenz entwickeln können.

Die *fachliche Dimension* weist auf pädagogisch-fachliche Standards hin, die sich in drei Teile gliedern. Die Fachlichkeit als Einhaltung hoher pädagogischer Standards bei der Bildung, Erziehung und Betreuung der Kinder ist der erste Teil. Der zweite Teil der Fachlichkeit ist die Erfüllung des tatsächlich angestrebten Zweckes einer Einrichtung (z. B. Entlastung berufstätiger Eltern etc.). Natürlich müssen auch Kindertageseinrichtungen sich an die geltenden gesetzlichen Vorgaben und Rahmenrichtlinien halten, was den dritten Bestandteil der Fachlichkeit ausmacht. Begründet liegt die Forderung der Qualität von Fachlichkeit im Interesse aller Beteiligten, denn die Öffentlichkeit erwartet von den Mitarbeiterinnen Professionalität in Form grundlegender Kenntnisse in Bereichen wie Gesellschafts- und Erziehungswissenschaft, Entwicklungspsychologie, Organisationstheorie und mit den Gesetzen, welche die Arbeit in Kinderbetreuungseinrichtungen regeln. Je besser es den Mitarbeiterinnen gelingt, die fachlichen Vorgaben zu erfüllen, umso höher ist die Qualität der Einrichtung.

Die Öffentlichkeit erwartet einen hohen Grad an Rationalität und Strukturiertheit, eine konstante Qualität und Wirtschaftlichkeit. Diese Erwartungen werden mit der *organisationalen Dimension* bestmöglich erfüllt. Orientiert an der ISO-Norm wird bei dieser Dimension der Prozess der Leistungserbringung in den Vordergrund gestellt. Die interne Organisationsstruktur ist in folgende Teilaspekte untergliedert:

- Visionen, welche das Selbstverständnis der Einrichtung beschreiben
- Ziele der Einrichtung
- Leistungen, d. h. Aussagen darüber, welche Angebote erbracht werden
- Prozesse, welche die Durchführung der Leistungen beschreiben

- Arbeitsstrukturen und Ressourcen, d. h. Aussagen darüber, wie und in welchem Rahmen die Durchführung der Prozesse und damit die Umsetzung der Ziele erfolgen kann
- Ergebnisse, d. h. Aussagen darüber, woran man den Erfolg erkennen kann

Eine qualitativ hochwertige Organisationsstruktur sichert die Gesamtqualität ab und ist damit unverzichtbar. Dem Team sollte es gelingen, transparente und klare Arbeits- und Organisationsstrukturen zu schaffen, die es ermöglichen, den Erwartungen und Bedürfnissen der Interessenpartner gerecht zu werden.

Um den Anspruch, mit einem umfassenden Qualitätskonzept zu arbeiten, gerecht zu werden, ist es notwendig, alle genannten Aspekte, die die Qualität beeinflussen, zu erkennen und miteinander zu verbinden. Es muss darauf geachtet werden, dass nicht eine Dimension besonders bevorzugt oder benachteiligt wird. Treten Differenzen auf, sollten diese immer positiv gesehen werden, nämlich als Chance einer Veränderung.

„Die Gesamtqualität einer Einrichtung ist umso höher, je besser es gelingt, die unterschiedlichen Erwartungen und Wünsche aller Interessenpartner zu vermitteln und diese im rahmen einer optimalen Organisationsstruktur unter Einhaltung einer möglichst hohen Fachlichkeit umzusetzen."[89]

Diese drei genannten Dimensionen und deren Teilaspekte liefern einen Überblick der Gesamtqualität einer Tageseinrichtung und bilden die Basis für eine Verbesserung der Qualität und deren Sicherung.

[89] zit. Erath/Amberger, 2000, S. 41

<u>Der Weg zum KitaManagementKonzept</u>

Es bestehen verschiedene Möglichkeiten, das Konzept zu nutzen. Es kann komplett entwickelt werden oder es können nur einzelne Elemente bzw. Stufen bearbeitet werden. Und wenn bereits einige Elemente vorhanden sind, kann daran angesetzt und entsprechend weiterentwickelt werden.
Um das Konzept vollständig zu entwickeln, muss die Einrichtung zehn einzelne Stufen durchlaufen, wobei zu Beginn für das Gelingen folgende Bedingungen Voraussetzung sind.

- Die Einrichtungsleitung muss vom Konzept überzeugt sein und sich der Einführung sowie deren Gelingen sicher sein.
- Nach einer Absprache mit dem Träger, in der dieser ausreichend informiert wird, muss jener sein Einverständnis geben, und es sollte finanzieller und zeitlicher Umfang der Einführung des Konzeptes geklärt sein. Wobei zu sagen ist, dass der zeitliche Umfang in der Regel zwischen zwei und drei Jahren liegt.
- Die Mitarbeiterinnen erkennen den Ernst, mit dem die Leiterin ihr Vorhaben durchsetzen will und sind informiert über die einzelnen Schritte, wie auch über die Notwendigkeit ihrer Mitarbeit am Prozess.
- Auch die Eltern sollten soweit informiert sein, dass sie die angestrebten Ziele und deren Nutzen erkennen können.

Schritt 1: Das Gefühl der Dringlichkeit aufbauen

Unter Verantwortung der Leiterin einer Kita werden die Mitarbeiter der Einrichtung, der Träger und die Eltern über die Notwendigkeit der Entwicklung eines Qualitätsmanagement informiert und überzeugt. Um Perspektiven zu entwickeln, müssen sich alle Beteiligten mit den gesellschaftlichen und gesetzlichen Veränderungen, sowie mit den Veränderungen vor Ort auseinandersetzen um daraus resultierende Anforderungen an die Kindertageseinrichtung zu erkennen und darüber zu diskutieren. Des Weiteren werden sich die Beteiligten mit dem Thema der Qualitätsverbesserung in Kindertageseinrichtungen beschäftigen müssen und eventuell Vergleiche mit anderen Kindertagesstätten anstellen. Währen der Diskussion und der Aneignung neuen Wissens entwickelt sich ein Problembewusstsein in Bezug auf die eigene Einrichtung. Es werden Dringlichkeiten erkannt und nun muss die Leitung Möglichkeiten zur Weiterentwicklung schaffen.

Schritt 2: Das Dienstleistungsangebot der Einrichtung festlegen

Weil der § 22 KJHG die Aufgabenstellung der Kindertageseinrichtungen sehr offen behandelt, ist es erforderlich für jede Einrichtung, die Kinder betreut, ein eigenes Dienstleistungsangebot zu erstellen. In Teamarbeit muss die gesamte Situation erst einmal analysiert werden. Alle relevanten sozialen, ökologischen, politischen, institutionellen und informellen Daten werden zu Beginn zusammen getragen. Jetzt schaut man sich auf den bereits bestehenden Markt um, und versucht eine „Marktlücke" zu finden, wonach man eventuell sein Profil ausrichtet oder eine Spezifikation herausarbeiten kann. Ein Profil kann ausgerichtet sein nach der Art der Dienstleistung, nach dem pädagogischen Inhalt, nach den Werten, nach Zielgruppen oder an den Stadtteil orientiert. Die Herausarbeitung eines eigenen Profils oder die Spezifikation ist von Bedeutung, um die Nachfrage, vor allem bei bestehender Konkurrenz zu fördern. Nach diesem Schritt betrachtet die Einrichtung ihre Ressourcen und ihre Visionen, um daraus mögliche Perspektiven zu entwickeln. Da die Ressourcen eines der wichtigsten Elemente in der Umsetzung von Zielen sind, sollte jede Einrichtung darauf bedacht sein, die Ressourcen auszubauen bzw. auf bestehende Netzwerke zurückzugreifen, um deren Ressourcen mit zu nutzen. Zum Ende dieser Phase treffen der Träger, der die Rahmenbedingungen vorgibt und globale Zielvorstellungen mit einbringt, und das Team auf Grundlage der zusammengetragenen Daten Prognosen für das weitere Verfahren.

Schritt 3: Die Grundkonzeption entwickeln

Um das Team zu motivieren und eine einheitliche inhaltliche Arbeitsgrundlage zu schaffen muss jetzt die Grundkonzeption entwickelt werden. Dass dies gelingt, muss jetzt ein Zeitrahmen festgelegt werden, in dem dieser Schritt vollbracht werden sollte, und die Steuerung des Prozesses sollte von der Leitung ausgehen. Trotzdem ist die Beteiligung aller Mitarbeiter/innen eine wichtige Voraussetzung für den Erfolg des Vorhabens, denn es entwickelt sich ein gemeinsames Interesse und somit eine gemeinsame Identität. Alle Kräfte werden in eine Richtung gelenkt. Die Grundkonzeption beinhaltet die genaue Bestimmung der Ziele einer Einrichtung und sollte einrichtungsspezifisch sein. Die Ziele werden vom Team ermittelt, indem alle Erwartungen der Interessenpartner einschließlich der Eltern ergründet und schriftlich festgehalten werden. Diese Erwartungen an die Einrichtungen werden konzentriert und es werden Prioritäten gesetzt. Aus den Erwartungen der Eltern und Kinder formuliert das Team Ziele, und die Erwartungen des Teams und des Trägers ergeben die Prinzipien und das Selbstverständnis der Einrichtung. Wenn die Umformulierung von Erwartungen in Zielen stattfindet, sollten Träger und Elternbeirat mitwirken, denn nur so ist eine echte Legitimation der Grundkonzeption von allen Beteiligten möglich. „Eine klare Grundkonzeption ist wichtig, weil

- die Gesetze eine konkrete Ausgestaltung der Arbeit nicht nur vorschreiben, sondern fordern, dass diese an den Bedürfnissen der Eltern und Kinder orientiert wird,
- die unterschiedlichen Erwartungen der Eltern institutionell eingegrenzt werden müssen, damit es nicht zum Konflikt der Eltern untereinander kommt,
- Kinder eine in sich stimmige pädagogische Atmosphäre brauchen, in der sie sich sicher und wohl fühlen können,
- Die unterschiedlichen pädagogischen Vorstellungen der Erzieherinnen aufeinander abgestimmt werden müssen, damit es nicht zu gravierenden Differenzen kommt,
- Die Mitarbeiterinnen eine ideelle Grundlage brauchen, aus der sie ihre Motivation schöpfen und an der sie ihre Arbeit orientieren können,
- Die Leiterin klare Zielvorgaben braucht, um ihre Einrichtung wirklich führen zu können,
- Der Träger ein Interesse an der Verlässlichkeit der Einrichtung im Hinblick auf bestimmte Zielsetzungen hat und diese Ziele für Träger und Öffentlichkeit transparent sein sollten,

- Eine Organisation ohne gemeinsame Ziele nicht erfolgreich sein kann"[90]

Diese Argumente verdeutlichen die Notwendigkeit dieses dritten Schrittes bei der Entwicklung eines Qualitätsmanagements und auch die Wichtigkeit der Beteiligung aller Interessenpartner.

Schritt 4: Die pädagogischen Teilleistungen bestimmen

Ein nächster Schritt ist die Bestimmung der pädagogischen Teilleistungen, also des Leistungsangebotes. Basis sind die vorher herausgearbeiteten Ziele und das Selbstverständnis der Einrichtung. Das Team überlegt, wie die Ziele umgesetzt werden sollen und welche pädagogischen Leistungen am brauchbarsten erscheinen. Die Ziele sind systematisch geordnet, z. B. Ziele, die die Kinder betreffen oder Ziele, die die Träger betreffen u. s. w. Ein Ziel wird in mehrere Leistungen umgesetzt. Zum Beispiel das Ziel „Kinder können aufeinander zugehen und entwickeln Gemeinschaftsfähigkeit" kann durch Leistungen oder Angebote umgesetzt werden, wie Freispiel, Gruppenübergreifendes Arbeiten, Feste feiern und Projektarbeit. Diese Angebote können noch einmal untergliedert werden in konkretere Leistungsangebote, wie das Angebot „Gruppenübergreifendes Arbeiten" durch Musik-, Turn- oder Werkarbeitsgemeinschaft oder gruppenübergreifende Spielbereiche ausdefiniert werden könnte. Diese Phase ist sehr aufwendig und fordert die Heranziehung von Ressourcen, um sicherzustellen, was real geleistet werden kann. Ein Leistungskatalog, welcher Auskunft über das gesamte Leistungsangebot gibt, ist Endziel dieser Entwicklungsphase.

Schritt 5: Die Konzeptionsschrift verfassen

Die Halbzeit ist erreicht und es erfolgt in Form der Konzeptionsschrift auch die Zusammenfassung dessen, was bisher erbracht wurde. Alle vom Team erarbeiteten Grundlagen sind Elemente der Konzeption. Zur besseren Übersicht werden sie an dieser Stelle noch einmal aufgezählt:

---

[90] zit. Erath, P./ Amberger, C., 2000, S. 97f.

- Leitbild des Trägers (Ziele des Trägers und was er sich von der Einrichtung verspricht)
- Organisationsformen und Gruppenstrukturen (Übersicht über Art und Anzahl der Gruppen, deren Nahmen und Besonderheiten)
- Pädagogische Ziele (Formulierung, Erläuterungen und Beispiele der pädagogischen Ziele, ergänzt durch Bilder)
- Leistungsangebot (Arbeitsweise der Einrichtung transparent durch Beschreibung und möglicher Illustration der pädagogischen Teilleistungen)
- Selbstverständnis (gemeinsame Werte des Teams, die für das Verständnis der Arbeit grundlegend sind)
- Wichtige pädagogische Prinzipien/Methoden (wichtige Prinzipien, wie situationsorientiertes Arbeiten, offenes Arbeiten, Arbeiten nach bestimmten pädagogischen Konzepten sollten erklärt werden)
- Profilbeschreibung (Hervorheben des spezifischen, z. B. Integration behinderter Kinder, bilinguale Erziehung etc., auch vorhandenen Slogans, die das Leitbild auf den Punkt bringen)

Die Konzeptionsschrift dient als Basis für die spätere Entwicklung der fachlichen Standards und der Weiterentwicklung des Leistungsangebotes sowie zur vorläufigen Orientierung für das Team. Erst die Konzeption macht die Verbindlichkeit und Allgemeingültigkeit der Ziele deutlich. Darum nutzt sie der Einrichtung auch zur Repräsentation nach außen und stellt eine öffentliche Verpflichtungserklärung dar.

Schritt 6: Das Dokumentationssystem anlegen

Alle pädagogischen und strukturellen Prozesse einer Einrichtung sollten dokumentiert werden, um die Grundkonzeption abzusichern und eine geregelte Planung und Durchführung der pädagogischen Arbeit zu gewährleisten. Um ein zweckmäßiges Dokumentationssystem anzulegen, sollten erst einmal alle wichtigen Einrichtungsprozesse identifiziert werden, um dann darauf aufbauend die nötigen Dokumentationsinhalte festlegen zu können. Das gesamte Team entwickelt dann standardisierte Dokumentvorlagen, welche eine einheitliche Dokumentation garantieren und somit die Lesbarkeit und Bewertung erleichtern. Zu den bedeutendsten Elementen gehören die nachfolgenden sechs mit den dazugehörigen Formularen:

- Dokumentationen bezüglich der Entwicklung der Kinder und des Kontaktes mit deren Eltern (eine Kinderakte)
  - Kinderbeobachtungsbogen
  - Förderpläne (z. B. für behinderte Kinder)
  - Gesprächsprotokolle (Elterngespräche und Lehrergespräche, externe Dienste)
- Dokumentation der pädagogischen Arbeit (eine Gruppenakte)
  - Planungsbögen
  - Übersicht über Teilnahme an Angeboten und Aktivitäten
  - Gruppenbeobachtungsbogen (Soziogramm)
  - Gruppenelternabend
- Dokumentation hausübergreifender Aktivitäten (eine Hausakte)
  - Gruppenübergreifende Angebote und Projekte
  - Gemeinschaftsveranstaltungen
  - Elternarbeit (Gesamtelternabend, Elternprojekte)
  - Öffentlichkeitsarbeit
- Dokumentation der indirekten Leistungen (eine Teamakte)
  - Protokolle Team
  - Protokolle Qualitätszirkel
- Dokumentation der Personalentwicklung (eine vertrauliche Personalakte)
  - Personaldaten
  - Mitarbeitergespräche
  - Anträge
  - Beurteilungen
  - Fortbildungen
- Eine Verwaltungsakte
  - Amtlicher Schriftverkehr (Anträge, statistische Erhebungen etc.)
  - Finanzen (Haushaltsführung, Einnahmen, Ausgaben etc.)

Unter Beachtung der Individualität der Einrichtungen können kleine Unterschiede bezüglich der Dokumentationsvorlagen auftreten.
Das Dokumentation ist sehr umfassen, aber auch übersichtlich gestaltet und seine wesentliche Aufgabe besteht darin, die Prozesse der Einrichtung zu planen, zu beschreiben und die Ergebnisse festzuhalten. Damit liefert es entscheidende Informationen über Weiterentwicklungsmöglichkeiten und Verbesserungspotentiale und stellt die Grundlage für fachliches Handeln dar.

Schritt 7: Prozess-Qualitätsstandards festlegen

Da es im Bereich der Kindertagesstätten keine einheitlich vorgeschriebenen Qualitätsstandards gibt, wie es im Abschnitt „Qualitätsstandards“ zu erlesen war, muss sich jede Einrichtung selbst auf Prozessqualitätsstandards festlegen. Zu berücksichtigen sind hier die Länderregelungen zur Kindertagesbetreuung, fachliche Grundlagen, die Bedürfnisse der Eltern und Ziele des Trägers. An dieser Stelle soll die Entwicklung eines Qualitätsstandards beschrieben werden. Zu Beginn wird von allen Teammitgliedern Wissen zu dem auserwählten Prozess zusammengetragen, mittels Literatur oder Austausch mit anderen Einrichtungen, welches dann zusammengefasst und allen Mitarbeitern zugänglich gemacht wird. Gemeinsam analysiert und diskutiert das Team das Wissen, was zur Meinungsbildung und zu einem gleichen Wissensstand aller führt. Jetzt erst beginnt die systematische Entwicklung des Qualitätsstandards. Eine *Definition des Begriffes* steht am Anfang, dann folgt das *theoretische Hintergrundwissen*, ergänzt durch eine Literaturliste. Erst jetzt findet *das Ziel* für den auserwählten Prozess unter Beachtung der Erwartungen der Interessenpartner und den fachlichen Anforderungen seine Anwendung. Das Team sammelt und diskutiert entsprechende *Voraussetzungen,* die erforderlich sind, um das Ziel zu erreichen und es beschreibt die *Vorgehensweise*. Nun erfolgt die *Aufgabenbeschreibung* bezüglich der neuen Anforderungen an die Erzieherin.
Nachdem der Qualitätsstandard entwickelt ist, erfolgt eine erneute Diskussion und Überprüfung im Team. Ist endlich alles ausdiskutiert und eventuell verbessert, wird der Qualitätsstandard schriftlich und mit den von mir kursiv hervorgehobenen Aspekten als Dokument angelegt. Mit der „Verabschiedung eines Standards“

verpflichten sich die Mitarbeiter zur Umsetzung dessen. Die eindeutige Definition von Standards bezüglich der Qualität ist zwingend, weil so eine gemeinsame Arbeitsgrundlage geschaffen ist, die der Beliebigkeit und dem Konkurrenzverhalten der Gruppen untereinander entgegentritt. Auch trägt die Definition von Qualitätsstandards zur Fehlervermeidung bei, es werden Unsicherheiten der Mitarbeiterinnen abgebaut und es entwickelt sich eine höhere Zufriedenheit der Mitarbeiterinnen. Ein inhaltlicher Handlungsspielraum ist weiterhin gegeben, denn die Themenwahl steht unter dem Situationsansatz. Im Gesamtteam herrscht eine gewisse Homogenität, weil es jetzt eine einheitliche Basis von Fachwissen gibt, was wiederum alle Teammitglieder dazu befähigt Verantwortung zu übernehmen.

Schritt 8: Zweckmäßige Arbeitsstrukturen entwickeln

Der achte Schritt ist ein sehr ausführlicher, denn er beinhaltet die Arbeitsstrukturen in einer Kindertageseinrichtung. Die Entwicklung von zweckmäßigen Arbeitsstrukturen oder deren Evaluation ist erforderlich, denn sie dienen unter anderem der Regelung von Zuständigkeiten, Hierarchien, Kommunikationslinien und Verfahrenschritte. Arbeitsstrukturen sollten klar und unkompliziert sein, denn sie sollen zur Orientierung und der Schaffung von Transparenz und Klarheit nützen. Die Strukturen stellen einen Rahmen für einen Aufgabenbereich dar, in dem sich die Zuständigen frei entwickeln können, natürlich unter Wahrung der bisher erarbeiteten Ziele und Werte. Das bedeutet jedoch nicht, dass Strukturen einengen und behindern sollen.
Nachfolgend werden die einzelnen Arbeitsstrukturen benannt und kurz erläutert.

Die *Organisationsstruktur* klärt Belange ab, die mit der Größe der Einrichtung zu tun haben, klärt Beziehungen im Netzwerk und unter den Teams der eigenen Einrichtung. Außerdem beschäftigt sich die Organisationsstruktur mit der Differenzierung und Koordination der Aufgabenbereiche, wobei ihr auch die Zuständigkeit für die Delegation der Verantwortlichkeiten der einzelnen Aufgaben an bestimmte Teammitglieder oder Teams obliegt. Hierbei wird immer das Subsidiaritätsprinzip beachtet und dieses wird von der Leiterin überwacht. Auch die Stellenbeschreibungen fallen in den Zuständigkeitsbereich der Organisationsstruktur.

Um in einer Kindertageseinrichtung Qualität zu entwickeln, wobei in der Regel alle Teammitglieder beteiligt sind, sind Informationen, deren Aufnahme und Verarbeitung wichtigste Voraussetzung, um richtige Entscheidungen über Vorgehensweisen, Methoden etc. zu treffen. Das erfordert eine gute *Kommunikationsstruktur*, welche den Informations- und Kommunikationsfluss sichert. Informationen, die in einer Kindertagesstätte eine tragende Rolle spielen, könnten sein:

- Daten zu den einzelnen Kindern,
- Informationen zur Gruppe und zum Gruppenprozess,
- Informationen zu Tagesereignissen, die Einfluss auf die aktuelle Situation des Kindes, der Gruppe, des Hauses nehmen
- Verpflichtungen (Medizinverabreichung, Vereinbarungen mit den Eltern)
- Vereinbarungen unter den Kollegen, Absprachen, Aufgabenverteilung
- Fachliche Informationen (Fachwissen)
- Strukturelle Informationen (Kompetenzen, Vorgaben des Trägers, dienstliche Verpflichtungen, Arbeitsrecht, etc.)

Nach der Identifikation der notwendigen Informationen und deren Gewichtung erfolgt im Gesamtteam der Austausch darüber, wie die Kommunikation effektiv ausgeführt werden kann. Das Team unterscheidet Mitteilungswege, die der Weitergabe von Informationen dienen. Und es gibt die Entscheidungswege, wenn die Entscheidungen nicht allein von der ausführenden Stelle getroffen werden oder mehrere Personen an einer Entscheidung beteiligt sind. Für letzteres stehen Qualitätszirkel, Themenarbeitsgemeinschaften, Projektteams, Elternversammlungen und Gruppendiskussionen zur Auswahl. Die Mitteilungswege könnten das „Schwarze Brett", ein „Rundruf-System" oder die Entsendung eines Delegierten in die Teams sein. Im Gesamtteam wird sich entschieden für die Kommunikationsmittel und diese werden dann festgelegt.

Die steigenden Ansprüche an Kindertagesbetreuungsangebote verlangen auch hohe Ansprüche an das Personal, das in diesen Einrichtungen tätig ist, was nur durch eine ausgefeilte *Personalstruktur* zu gewährleisten ist. In einem Anforderungsprofil werden klare Kriterien, wie zum Beispiel Kommunikationsfähigkeit und Bereitschaft zur ständigen Weiterentwicklung, an die einzelnen Mitarbeiterinnen ausformuliert. Die gezielte Personalauswahl erfolgt nach dem Anforderungsprofil und unter Einbeziehung der zukünftigen direkten Kollegin. Ein Abgleich der fachlichen Qualifikation, der persönlichen Eignung sowie der Vorerfahrungen der Bewerberin mit der Konzeption der Einrichtung wird vollzogen. Auch die Bewerberin erhält einen Einblick in die Konzeption, um sich einen Überblick zu machen und selbst zu entscheiden. Für Bewerbungsgespräche scheint es sinnvoll, einen Leitfaden zu entwickeln, welcher die Gesprächsführung, die Auswahl der Gesprächsinhalte und die Art der Entscheidungsfindung regelt. Eine optimale Einarbeitung sollte erfolgen, um der neuen Mitarbeiterin Sicherheit zu vermitteln. Allen Mitarbeiterinnen sollte der Qualitätsgedanke nahe gebracht werden, und mittels Information sowie aktive Teilhabe am Qualitätsentwicklungsprozess sollten diese auch motiviert werden. Eine regelmäßige und umfassende Personalentwicklung schließt die zielgerichteten Fort- und Weiterbildungen mit ein.

Ein sehr wichtiger aber auch eigener Bereich in der Kindertagesstättenstruktur ist die *Etat- und Finanzstruktur*. Dieser Bereich ist zuständig für die Klärung von Sachverhalten, die die Finanzierungsarten, Einnahmen und Ausgaben betreffen. Hier wird der Haushaltsplan erstellt, Möglichkeiten gesucht, wie man die Eigenmittel aufstocken kann, wobei auch unkonventionelle Ideen gefragt sind. Die gesamte Haushaltsüberwachung, in Form von internem Controlling geht von diesem Strukturbereich aus. Dabei werden die inhaltlichen und zahlenmäßigen Zielvorgaben regelmäßig mit der Budgetsituation verglichen und eventuell Korrekturmaßnahmen vorgenommen. Ebenso werden die Handlungsspielräume unter Berücksichtigung der vom Team gesetzten Prioritäten ausgelotet. Als wichtiges Werkzeug dient hier die Budgetierung. Der Trend im Kindertagesstättenbereich geht weg vom zweckgebundenen und auf das Haushaltsjahr begrenzten Haushaltsstellen hin zur selbstständigen Budgetverwaltung, womit die Handlungsspielräume erweitert werden. Ein weiterer Vorteil der Budgetierung ist, dass zumindest anteilige ersparte Mittel in das nächste Haushaltsjahr mit übernommen werden können. Das ist für die Einrichtung Anreiz, um die Mittel weiterhin sparsam, aber effektiv einzusetzen. Die Einrichtungen sind verpflichtet, dem Träger regelmäßig über den Stand des Budgets und eventuellen Abweichungen Bericht zu erstatten.

Ebenso zu den Arbeitsstrukturen gehört der Bereich der *Öffentlichkeitsarbeit und „Imagepflege"*. Da es den Eltern kaum möglich ist, die Leistungen einer Einrichtung komplett zu überprüfen und somit neutrale Informationen über den Alltag in dieser Einrichtung zu erhalten, sind diese darum bemüht, sich ein Bild von der Einrichtung über das Gespräch mit Dritten zu machen und danach zu urteilen. Das bedeutet, die Einrichtung sollte darum bemüht sein, einpositives Bild der eigenen Einrichtung in der Öffentlichkeit zu entwickeln. Wichtige Anhaltspunkte für die Meinungsbildung sind vor allem: das äußere Erscheinungsbild des Gebäudes, der Inneneinrichtung und der Raumgestaltung, das der Mitarbeiter und deren Kommunikation, die Art und die Inhalte von Informationen, die Konzeptionsschrift und Informationen durch die Medien. Möchte die Einrichtung ein bestimmtes Image aufbauen, was sie von anderen Einrichtungen unterscheidet, muss sie im Vorfeld festlegen, wie dieses aussehen soll, um nicht von der Öffentlichkeit ein Image auferlegt zu bekommen. Ein eigenes, festgelegtes Image erfordert konsequentes Arbeiten daran und vor allem muss dieses Image dann auch weiterhin gepflegt werden. Diese Aufgabe unterliegt der Öffentlichkeitsarbeit einer Kindertageseinrichtung

Nach einer Ist-Analyse, bei der die derzeitigen organisatorischen Strukturen herausgearbeitet wurden, folgt die Soll-Analyse, welche die künftigen Erfordernisse festlegt. Anschließend erfolgt ein Vergleich der beiden Seiten und es werden neue Ideen entwickelt. Wenn man sich im Team einig ist, werden neue Strukturen festgelegt und erprobt. Erweisen diese sich als endgültig, übernimmt man diese in das Dokumentationssystem, wobei einer ständigen Evaluierung nichts entgegensteht.

Schritt 9: Evaluationsverfahren festlegen

Alle bis hierhin durchgeführten Schritte bereiten eine optimale Leistung vor, aber es ist nicht gesichert, dass das angestrebte Qualitätsniveau von den Mitarbeiterinnen erfüllt wird. Die Sicherung der Qualität erfolgt durch eine Überprüfung und Bewertung der erbrachten Leistungen, was sich Evaluation nennt. Diese ist auch unentbehrlich für den Aspekt der Dynamik, welcher in allen Definitionen von Qualität erfasst wird. Es müssen vom Team geeignete Evaluationsverfahren festgelegt und die damit einhergehenden Verantwortlichkeiten zur Erfüllung der Evaluationsaufgaben benannt werden. Über den zeitlichen Ablauf und das Dokumentationsverfahren sollte ebenfalls Klarheit bestehen. Voraussetzungen für erfolgreiche Evaluation sind, dass alle Mitarbeiter daran interessiert sind, ihre Arbeit zu verbessern, dass die Evaluationsverfahren gemeinsam erarbeitet wurden und von allen akzeptiert werden, dass ein intaktes Arbeitsklima unter den Mitarbeiterinnen herrscht, um offen und ehrlich Probleme anzusprechen und dass mittels von Fragebögen Ergebnisse zur Qualität vorliegen. Vor allem die Ergebnisqualität sollte regelmäßig überprüft werden, denn ihre Sicherung gewährleistet die Zweckerfüllung der Einrichtung und ob die selbst gesetzten Ziele erreicht worden sind. Weil es keine Maßstäbe gibt, die Einrichtung aber trotzdem zu einer annäherungsweisen Beurteilung kommen muss, ist sie auf Begutachtungen der Kinder, auf Befragungen der Eltern, der Träger und Vertretern der Kommune sowie Befragungen der Mitarbeiter angewiesen.

Evaluation läuft folgend ab. Jede Leistung, die vollbracht wird, wird dokumentiert. Ebenso die Arbeitsweise und die Wirkung der Dienstleistung oder des Angebotes. Anschließend findet eine Bewertung statt und positive sowie negative Kritik sollte ausgeübt werden, um bestehende Probleme zu korrigieren beziehungsweise bearbeiten zu können oder aus positiver Kritik Motivation und eventuell weitere Verbesserungen hervorzubringen. Drei wichtige Evaluationsverfahren sind die Selbstevaluation, bei der sich jede Mitarbeiterin selbst beobachtet, die gegen- oder wechselseitige Evaluation, bei der sich die Mitarbeiterinnen oder die Teams untereinander beobachten und die Fremdevaluation, bei der die Beobachtung von externen Fachleuten übernommen wird. Ein Effekt, der neben der der Qualitätsverbesserung zu benennen wäre, ist die bestehende Möglichkeit einer Rechenschaftslegung gegenüber der Öffentlichkeit und der Eltern. Aber auch bei Verhandlungen mit den Geldgebern erweisen sich diese Dokumente als hilfreich, denn gerade hier können die Angebote und die darauf folgenden Wirkungen eingesehen werden.

Schritt 10: Die Teilaspekte in ein Qualitätshandbuch integrieren

Als Endresultat der Entwicklung eines Qualitätsmanagement steht wohl überall das Qualitätshandbuch. Die Mitarbeiterschaft sollte sich darüber einig sein, welche Teilbereiche im Qualitätshandbuch Platz finden sollen. Deshalb muss allen erst einmal klar sein, welchen Zweck dieses Buch erfüllen soll. Das Handbuch sollte einen Gesamtüberblick über das Qualitätsmanagement ermöglichen, Transparenz und somit Vertrauen bei den Interessenpartnern muss geschaffen werden. Als einheitliche Arbeitsgrundlage für die Mitarbeiter und Nachschlagewerk für Neueinsteiger trägt es besonders zum reibungslosen Arbeitsablauf bei. Das Qualitätshandbuch stellt ein Führungsinstrument dar, denn die Leitung sollte durch die gemeinsame Erstellung dessen wesentlich entlastet sein, und bei einem Leitungswechsel sorgt das Buch für Kontinuität, da es Verbindlichkeit verdeutlicht. Zu guter letzt wird das Qualitätshandbuch auch als Basis für Qualitätsüberprüfungen nützen. Demnach sollte im Qualitätshandbuch ein allgemeiner Teil zu finden sein, welcher Ausformulierungen zum Trägerleitbild, zum Selbstverständnis, zur Qualitätspolitik, zum Betreuungsangebot und zum Profil, zur Organisationsstruktur, zu den Zielen und zu den Teilleistungen, zur Prozessbeschreibung und deren Planung, zur Dokumentation und Evaluation, zur Personalentwicklung und zum Ressourcenmanagement enthält. Diese Themenpunkte können je nachdem noch weiter untergliedert sein. Neben dem Allgemeinen Teil sollten noch die Teilbereiche dazu kommen, in denen die pädagogischen Qualitätsstandards aufgenommen werden, die strukturellen Qualitätsstandards, die Evaluationsverfahren und die Dokumentvorlagen.

Auch das Qualitätshandbuch wird immer wieder auf seine Gültigkeit hin überprüft und fortlaufend ergänzt oder verändert. Dies erfolgt in Absprache mit dem Gesamtteam.

Bewertung

Das KitaManagementKonzept ist einfach zu verstehen und leicht handhabbar. Ein weiterer Vorteil ist die Integration der bisher isolierten Ansätze, wie KES, Kronberger Kreis und ISO. Alle Ansätze finden hier ihre Verwendungsmöglichkeiten, was für die Beteiligten einen enormen Wissenszuwachs bedeutet.

Nachteilig währe zu sehen, wie schon an meinen Ausführungen erkennbar, dass dieses Konzept sehr umfangreich und damit auch sehr zeitintensiv ist. Gefordert ist ein hohes Engagement aller Beteiligten zum guten Gelingen der Qualitätsentwicklung. Es besteht die Gefahr, dass dem Team die „Luft ausgeht".

4.7. Benchmarking[91]

In einem Benchmarkingverfahren sind immer mehrere Einrichtungen involviert, denn sonst währe der Vergleich nicht möglich. In einer Datenbank werden sämtliche Informationen von den Einrichtungen gesammelt, aufbereitet und ausgewertet. Der Datenbankbetreiber erhält die Information, indem er Fragebogen ausfüllen lässt. Die Daten der Einrichtungen werden anonymisiert in die Datenbank eingegeben und somit kann sich jede Einrichtung anonym mit anderen Einrichtungen vergleichen. Auch der Datenbankbetreiber vergleicht die Einrichtungen miteinander und erarbeitet ein schriftliches Profil für jede teilnehmende Einrichtung, welches **ausschließlich** diese Einrichtung erhält. Im Profil werden Stärken und Schwächen gegenüber den anderen Einrichtungen aufgeführt und ein umfassender Bericht über zentrale Schwachstellen beigelegt. In der Regel sollen die Fragebögen einmal jährlich zum Einsatz kommen, womit eine ständige Aktualisierung der Datenbank und eine fortlaufende Qualitätsentwicklung in den Einrichtungen gewährleistet sind. Nach einigen Jahren können die Einrichtungen auch auf ihre eigene Entwicklungsgeschichte zurückblicken und somit ist der Vergleich nicht nur mit den anderen Institutionen möglich, sondern auch der Vergleich an sich selbst. Aus Erfahrung weiß man, dass sich Datenbanken dieser Art sehr schnell vergrößern, woraus Vorteile im Bereich der Vielfältigkeit von Informationen und eine Senkung der Beteiligungskosten für die Organisationen entstehen.
Die Fragebögen haben ihre Hauptaufgabe darin, dass sie die Situation der Kindertageeinrichtung umfassend abbilden. In Projektarbeit sollen diese von den Fachkräften der beteiligten Kindertagesstätten erarbeitet werden. Eine grobe Struktur der Fragebögen ist aber bereits vorgegeben und sie umfasst drei umfangreiche Instrumente, die im Anhang 4 aufgeführt und nachgelesen werden können.

[91] vgl. Burmeister, J. 2000, S. 163-167

Nach dem Vergleich mit anderen geht die Arbeit erst richtig los. Es folgt die Maßnahmeplanung, bei der man notwendige Veränderungen herausarbeitet. Dann werden Qualitätsstandards formuliert, die die Gestaltung, Durchführung etc. des zukünftigen Angebotes zum Ausdruck bringen sollen. Als nächsten Schritt sollte die Qualitätssicherung angeführt werden, denn die erarbeiteten Standards sollen auch Anwendung finden und regelmäßig auf ihre Praxistauglichkeit überprüft werden. Zu guter letzt muss alles dokumentiert werden. Für diese nach dem Benchmarking stattfindenden Prozesse sollte eines der anderen Qualitätsmanagementverfahren gewählt werden.

Bewertung

Zukunftsträchtig erscheint dieses Konzept, denn es ist mit modernen Datenbanken via Internet umsetzbar, hält die Kosten gering und jede Einrichtung kann sich beteiligen, wenn denn endlich Datenbanken im Kindertagesstättenbereich zur Verfügung stehen. Ein Vorteil des Benchmarking ist es auch, dass alle Beteiligten ihre Daten zum Vergleich anonym zur Verfügung stellen. Nur der Datenbankbetreiber kennt die schützenswerten Daten der Einrichtung, und so können die Einrichtungen ohne Peinlichkeiten beginnen, ihre Qualität zu verbessern.

5. Schlusswort

5.1. Zusammenfassung

In Deutschland gibt es einen großen Nachholbedarf im Bereich der Kindertagesbetreuung. Angefangen bei der wissenschaftlichen Forschung, über Finanzierung, Ausbildung der Erzieherinnen, bis hin zu den politischen Strukturen.
Es mangelt an Forschungsarbeiten auf nationaler Ebene, d. h. es gibt nur wenige Untersuchungen und Vergleiche deutscher Tageseinrichtungen hinsichtlich ihrer pädagogischen Arbeit. Nur vereinzelt werden Projekte vorangetrieben und Modelle ausprobiert, um sie eventuell später ganz zu implementieren. Das hat zur Folge, dass es kaum Arbeiten über die Entwicklung von Mindeststandards gibt. Wir bedienen uns lediglich an den Forschungen anderer Länder, vor allem den USA. Eine erfolgsversprechende Forschungsinstitution in Deutschland ist das Institut für Frühpädagogik, welches im Auftrag des Freistaates Bayern bereits ein Bildungskonzept entwickelt. Leider stehen wir nun vor einem weiteren Problem. Ein Bildungskonzept sollte nach Fthenakis und den Beispielen anderer europäischer Länder folgend für das gesamte Land entwickelt werden und angewendet. Der Staat sollte dafür Sorge tragen, dass die Ausbildung der Fachkräfte auf einem hohen Niveau organisiert ist und damit verbunden auch die Fort- und Weiterbildung. Ebenso sollten zu den Aufgaben des Staates die Entwicklung, Steuerung und Evaluation der pädagogischen Qualität gehören. Bei uns in Deutschland liegen jedoch die Verantwortlichkeiten all dieser Bereiche bei den Ländern und die Finanzierung und Verwaltung sogar bei den Kommunen. Diese bestehende Struktur des politischen Systems müsste erst aufgehoben und umstrukturiert werden, um ein national geltendes Bildungskonzept entwickeln und implementieren zu können.

Die Zeiten, in denen Kindertagesstätten als Aufbewahrungsanstalten fungierten sind vorbei. Heute gehören sie dem sozialen Dienstleistungssektor an und haben wie die Schulen einen Erziehungs- und Bildungsauftrag. Die Umsetzung dessen sollte deshalb eine gesamtgesellschaftliche Aufgabe sein, was in Deutschland als solches aber nicht entsprechend wahrgenommen wird. Der Bund hält sich zurück und in den Kassen der Länder und Kommunen sieht es schlecht aus. Im Kapitel

3.3.1. wurde deutlich, dass der Rechtsanspruch auf einen Kindergartenplatz noch nicht das erreicht hat was er sollte, nämlich eine quantitative und bedarfsgerechte Versorgung mit Ganztagsplätzen einschließlich Mittagessen. In diesem Zusammenhang wäre es sinnvoll und erstrebenswert, gerade auf Grund der zunehmenden Bedeutung der Fremdbetreuung von Kindern, den Bund mit in die Zahlungspflicht zu nehmen. Vor allem für den Ausbau und Erhalt von Ganztagsplätzen sollten Mittel zur Verfügung gestellt werden. Auch sollten zur Verbesserung der Personalschlüssel und für die Qualifizierung der Fachkräfte in den Kindertageseinrichtungen Bundesgelder eingesetzt werden, denn die Anforderungen einer Kindertagesstätte können sonst nicht erfüllt werden.

Mit der Forderung nach einer qualitativ hochwertigen Eltern-Erzieher-Interaktion eröffnen sich gleich zwei Probleme. Zum einen fehlt das Personal, denn eine Erzieherin, die neun Kinder betreut und deren Eltern diese nach und nach abholen, kann nicht ohne Verringerung der Aufmerksamkeit gegenüber den Kindern mit den Eltern Informationen austauschen. Ein anderes einschneidendes Problem stellen die fachlichen und persönlichen Kompetenzen des Personals dar, welche für die Entwicklung und Sicherung von Qualität eine herausragende Rolle einnehmen. Die fachlichen Ansprüche an die Erzieherinnen sind in mehrfacher Hinsicht vielfältiger, anspruchsvoller und konfliktträchtiger geworden. Begründet liegt das vor allem in den sichtbaren Differenzierungen wirtschaftlicher, kultureller und sozialer Art (Pluralität familiärer Lebensformen, sprachliche und ethnische Vielfalt, verbreitete Armut, hohe Arbeitslosigkeit). Um diesen Anforderungen gerecht zu werden muss das Ausbildungsniveau der Erzieher/ innen angehoben werden. Wie in anderen europäischen Ländern sollte die Ausbildung auf Fachhochschul- bzw. Universitätsniveau erfolgen. Zwingende Inhalte der Ausbildung wären das Erlernen: vom Beobachten der Kinder, Interaktionen kindgerecht zu gestalten, Kompetenz zur befriedigenden Kommunikation und Kooperation mit den Eltern, Steuerung von Lernprozessen (deren Vorbereitung, Vermittlung, fachlich kompetente Begleitung und Evaluierung).

Ohne eine Reform der Ausbildung des Personals und einer anderen Steuerung des Systems wird die Entwicklung und Implementation eines Bildungskonzeptes nicht zu realisieren sein.

Um trotzdem eine bestmögliche Qualität in den Kindertageseinrichtungen zu entwickeln führen viele Einrichtungen bereits Qualitätsmanagementsysteme ein.

Wichtig erschein mir an dieser Stelle zu sagen, dass es viele dieser Systeme gibt, die jedoch nicht unbedingt einzeln angewendet werden sollten. Ideal erscheint die Kombination mehrerer miteinander. Persönlich empfinde ich das KitaManagementKonzept als eines der umfassendsten Instrumente, welches am meisten ausgereift scheint. Es bietet die Möglichkeit, Qualität von innen zu entwickeln und fordert somit alle Beteiligten, sich entsprechend mit den Themen auseinanderzusetzen, was zu einer Wissenserweiterung in jeglicher Hinsicht sowie zu einer optimalen Identifikation mit den Zielen führt und für die Einrichtung ein auf Dauer und Erfolg ausgerichtetes Qualitätsmanagementsystem darstellt. Es integriert alle weiteren zurzeit diskutierten Qualitätsmanagementkonzepte in sich.

5.2. Perspektiven

Um die Kinder im Elementarbereich angemessen auf ihre schulische Laufbahn vorzubereiten, müssten im deutschen Bildungssystem einschlägige Veränderungen stattfinden.
Zuerst währe die Umstrukturierung des Systems notwendig. Staatlich reguliert werden muss die Entwicklung eines national geltenden Bildungskonzeptes, wie auch deren Implementation in die Einrichtungen. Des Weiteren soll der Staat die Ausbildung der Erzieherinnen auf einem höheren Niveau als bisher organisieren und somit auch die Fort- und Weiterbildung der Fachkräfte gewährleisten. Ohne eine gute Ausbildung werden die Fachkräfte nicht in der Lage sein, ein Bildungskonzept umzusetzen. Die dritte Aufgabe des Staates liegt in der Entwicklung, Steuerung und Evaluation von pädagogischer Qualität. Das bedeutet, der Staat solle sich für die Wissenschaft und Forschung stark machen, ebenso für die Überprüfung von Qualität in den Einrichtungen Sorge tragen.

Ein weiterer notwendiger Schritt auf dem Weg zu einem besseren Bildungssystem ist die Ausarbeitung eines Bildungskonzeptes. Die einzelnen Bestandteile und wie so ein Konzept gestaltet sein könnte finden sie im Kapitel.3.3.4.

Die Reform der Ausbildung der Erzieherinnen wird in Deutschland schon seit längerem gefordert und wird auch unausweichlich sein. Selbst Sozialpädagogen, die in Kindertagesstätten laut den Ausführungsgesetzen als Fachkräfte gelten, werden den Anforderungen nicht hundertprozentig gewachsen sein. Auch ihnen fehlen Kenntnisse, die während des Studiums nicht vermittelt werden [Sprachkenntnisse (nicht nur englisch oder französisch, sondern türkisch, arabisch etc.), Kenntnisse der Arbeit mit Vorschulkindern, Vermittlung von Bildungsinhalten (Didaktik und Methodik), Religionslehre (von vielen Trägern erwünscht, sogar Konfessionszugehörigkeit), Erlangen von Zusatzqualifikationen (Trainerschein, Spielen eines Musikinstrumentes, Erste Hilfe Kurse, Rettungsschwimmer etc.) u. v. a.]
Eine Vision, die es umzusetzen gilt, ist die Erschaffung eines Ministeriums, welches die Bildungs-, Familien-, Kinder- und Jugendpolitik vereint, denn auch im KJHG sind die Bereiche Bildung und Familie vereint. Auch um dem föderativen Finanzierungsgeflecht zu entgegnen, wäre die Schaffung eines eigenständigen Organs eine notwendige Maßnahme. Zum Beispiel könnte es eine Kinderkasse geben, die für alles die Kinder Betreffende zuständig ist, auch für die gesamte Finanzierungsregelung.

Ich hoffe mit meinen Ausführungen Einsicht in das komplexe Thema der derzeitigen Qualitätsdiskussion und kritische Hinweise zur Qualität in Kindertageseinrichtungen gegeben zu haben. Letztere sollen zum Nachdenken anregen und helfen vorhandenes Potential besser zu erkennen und zu nutzen.

Anhang

Anhang 1
Dr. M. Textor: Qualität der Kindertagesbetreuung: Ziele des Netzwerks Kinderbetreuung der Europäischen Kommission, In: Nachrichtendienst des Deutschen Vereins für öffentliche und private Fürsorge, München 1999, S. 17-24

Anhang 2
Normenelemente eines Qualitätsmanagementsystems nach DIN EN ISO 9000 – Übersetzungsversuch (übernommen vom Kommunalen Geschäftstellenbericht 2/2001)

Anhang 3
Die Werkstatt auf einen Blick (vgl.: Ziesche, U.: Werkstatthandbuch,1999)

Anhang 4
Benchmarking – Fragebögen (vgl. Burmeister, J., 2000, S. 163 – 167)

Anhang 5
SGB VIII – Dritter Abschnitt – Förderung von Kindern in Tageseinrichtungen und Tagespflege

Anhang 1

Dr. M. Textor: Qualität der Kindertagesbetreuung: Ziele des Netzwerks Kinderbetreuung der Europäischen Kommission, In: Nachrichtendienst des Deutschen Vereins für öffentliche und private Fürsorge, München 1999, S. 17-24

I. Ziele in Bezug auf den politischen Rahmen

Das Netzwerk Kinderbetreuung geht davon aus, dass nur *nationale* Politik die Versorgung mit aufeinander abgestimmten, qualitativ hochwertigen Kindertageseinrichtungen sicherstellen kann. Dies kommt in den ersten Zielen zum Ausdruck:

> **Ziel 1:** Die Regierungen sollten einen fachlichen und öffentlichen Meinungsbildungsprozess herbeiführen, um eine offizielle und abgestimmte Absichtserklärung für Betreuungs- und Bildungseinrichtungen für kleine Kinder zwischen null und sechs Jahren im öffentlichen und privaten Sektor, auf nationaler und regionaler/lokaler Ebene zur Verfügung zu stellen. Eine solche Politik benennt Grundlagen und Zielvorgaben, definiert Prioritäten und zeigt, wie derartige Initiativen zwischen wichtigen Abteilungen koordiniert werden.

> **Ziel 2:** Auf nationaler Ebene sollte eine Abteilung ernannt werden, die die Verantwortung für die Umsetzung der Politik übernimmt, entweder direkt oder mit Hilfe einer Dienststelle. Auf regionaler/lokaler Ebene sollte gleichermaßen die Verantwortung zugewiesen werden, entweder indem regionale/lokale Behörden Einrichtungen direkt verwalten oder indem an andere Anbieter ausgelagert wird.

> **Ziel 3:** Die Regierungen sollten ein Programm zur Umsetzung der Politik erstellen, das entsprechende Strategien skizziert, Ziele festlegt und Ressourcen detailliert angibt. Auf regionaler/lokaler Ebene sollte die verantwortliche Behörde oder Dienststelle in gleicher Weise ein Programm zur Umsetzung der Politik und der Weiterentwicklung der Praxis erstellen.

> **Ziel 4:** Es sollte ein gesetzlicher Rahmen geschaffen werden, der sicherstellt, dass die Ziele innerhalb einer bestimmten Zeit vollkommen erfüllt und regelmäßig überprüft werden, und der die Zuständigkeit der regionalen und/oder lokalen Regierungen bei der Erfüllung der Ziele umreißen soll.

> **Ziel 5:** Die Abteilung oder Dienststelle der Regierung, die auf nationaler Ebene verantwortlich ist, sollte eine Infrastruktur für die Planung, Aufsicht, Überprüfung, Unterstützung, Aus- und Weiterbildung, Forschung und Einrichtungsentwicklung schaffen, mit parallelen Strukturen auf lokaler Ebene.

> **Ziel 6:** Das Planungs- und Aufsichtssystem sollte über Maßnahmen verfügen, die Angebot, Nachfrage und Bedürfnisse aller nationalen, regionalen und/oder lokalen Einrichtungen für kleine Kinder zusammenführen.

II. Finanzielle Ziele in Verbindung mit dem politischen Rahmen

Eine qualitativ hochwertige Kinderbetreuung kann laut dem Netzwerk Kinderbetreuung nur erreicht werden, wenn hierfür mindestens 1% des BIP bereitgestellt wird: "In den Mitgliedsstaaten [der EU] betragen die öffentlichen Bildungsausgaben (...) zwischen 4 und 6% des Bruttoinlandsproduktes. Dieses 1% stellt gegenwärtig rund ein Fünftel des öffentlichen Bildungshaushaltes in den Mitgliedsstaaten dar. Vor diesem Hintergrund kann das Ziel für Einrichtungen für Kinder unter sechs Jahren als bescheidener und minimaler Teil der öffentlichen Ressourcen für eine Altersgruppe betrachtet werden, die ein Drittel aller Kinder ausmacht" (Netzwerk Kinderbetreuung 1996, S. 12). Im Jahre 1992 hätte in der Bundesrepublik Deutschland 1% des BIP rund 30,3 Mrd. DM entsprochen (a.a.O.) - derzeit werden laut der Präsidentin des Deutschen Städtetages, Frankfurts Oberbürgermeisterin Petra Roth, nur rund 17 Mrd. DM für Kindertageseinrichtungen ausgegeben (Welt des Kindes 1998, Heft 3, S. 52).

Ziel 7: Die öffentlichen Ausgaben für Einrichtungen für kleine Kinder (in diesem Fall definiert als Kinder im Alter von fünf Jahren und darunter) sollten nicht weniger als 1% des Bruttoinlandsproduktes betragen, damit diese Einrichtungen - sowohl für Kinder unter wie über drei Jahren - die aufgestellten Ziele erreichen.

Ziel 8: Ein Teil dieses Budgets sollte zur Entwicklung der Infrastruktur von Einrichtungen verwandt werden. Dieser Teil sollte mindestens 5% Ausgaben für Beratungs- und Unterstützungsleistungen beinhalten, einschließlich externer oder interner Weiterbildung, und mindestens 1% für Forschung und Aufsicht.

Ziel 9: Es sollte ein Investitionsprogramm für Bau und Renovierung geben, das sich auf die Ziele hinsichtlich Umgebung und Gesundheit bezieht.

Ziel 10: Wo Eltern für öffentlich finanzierte Einrichtungen bezahlen, sollten die Beiträge 15% des monatlichen Haushaltsnettoeinkommens nicht überschreiten oder besser noch darunter liegen. Die Gebühren sollten sich nach dem Haushaltseinkommen, der Familiengröße und anderen relevanten Kriterien richten.

III. Ziele hinsichtlich Umfang und Arten von Einrichtungen

Die Fremdbetreuung soll laut dem Netzwerk Kinderbetreuung den ganzen Arbeitstag berufstätiger Eltern abdecken, wobei dies entweder durch *ein* Angebot oder durch die Kombination von zwei Angeboten erfolgen kann. Die Einrichtungen können ganz verschieden strukturiert sein und pädagogisch unterschiedlich arbeiten: "Der Begriff Vielfalt kann auf zahlreiche Arten ausgelegt werden: Altersspannen und wie sie gemischt werden; die tägliche oder wöchentliche Beteiligung von Eltern, Großeltern und anderen Betreuer/-innen; Leitungsstrukturen - etwa Kollektive; kombinierte Betreuungsformen - wie Tagesmütter, die auch Kindergärten nutzen; einfallsreiche Umgebung und Transportlösungen - besonders in ländlichen Gegenden; zusätzlich angegliederte Angebote - wie Erwachsenenbildung; und so weiter. Eine ideenreiche und vielfältige Einrichtung kann sich mit vielen Formen von Angeboten umgeben" (Netzwerk Kinderbetreuung 1996, S. 16).

Ziel 11: Öffentlich bezuschusste Einrichtungen sollten Vollzeit entsprechende Plätze anbieten für:

* mindestens 90% der Kinder zwischen drei und sechs Jahren und
* mindestens 15% der Kinder unter drei Jahren

Ziel 12: Einrichtungen sollten Flexibilität in den Öffnungs- und Bringzeiten bieten, was die zeitliche Abdeckung der Arbeitszeit sowie des Arbeitsjahres einschließt, wenn Eltern dies verlangen.

Ziel 13: Es sollte eine Vielfalt von Angeboten geben, damit die Eltern auswählen können.

Ziel 14: Alle Einrichtungen sollten den Wert von Vielfalt positiv herausarbeiten. Sie sollten ein Angebot für Kinder wie Eltern bereithalten, das Vielfalt an Sprachen, Herkunft, Religion, Geschlecht und Behinderung anerkennt und fördert sowie Stereotype ablehnt.

Ziel 15: Alle Kinder mit Behinderungen sollten das Recht auf Zugang zu den gleichen Einrichtungen wie andere Kinder haben, allerdings mit einer angemessenen personellen Ausstattung und der Hilfe von Spezialisten/-innen.

IV. Bildungsziele

Bildungsangebote für Kleinkinder sollen laut dem Netzwerk Kinderbetreuung in der Gegenwart wirken und nicht auf die Schulzeit ausgerichtet sein. Auch Kinder unter drei Jahren sollen und können gebildet werden; die hierfür geeigneten Aktivitäten und Methoden sind jedoch nicht allgemein bekannt und müssten noch weiterentwickelt werden. Die pädagogische Arbeit kann auf ganz unterschiedliche Weise gestaltet werden: "Wir akzeptieren, dass es unterschiedliche Ansichten gibt, inwieweit das Lernumfeld und die Bandbreite des Lehrplans strukturiert werden können; ob die Aktivitäten selbst gewählt oder angeleitet sein sollten; und in welchem Maß Erwachsene, die mit kleinen Kindern arbeiten, den Lernprozess aktiv unterstützen und in ihn eingreifen sollen. In einigen Einrichtungen wird der Schwerpunkt auf das unbehinderte freie Spiel und die freie Wahl der Kinder gelegt. Andere vertreten einen stärker didaktischen Ansatz. Wieder andere verfolgen einen projektorientierten Ansatz, der die komplexen Beziehungen und Fähigkeiten betont, die sowohl Eltern als auch Kinder einbringen müssen" (Netzwerk Kinderbetreuung 1996, S. 19).

Ziel 16: Alle Gruppenangebote für kleine Kinder von null bis sechs Jahren, ob öffentlich oder privat, sollten abgestimmte Werte und Ziele haben, zu denen eine explizite und ausformulierte Bildungsphilosophie gehört.

Ziel 17: Die Bildungsphilosophie sollte von Eltern, Personal und anderen interessierten Gruppen entworfen und entwickelt werden.

Ziel 18: Die Bildungsphilosophie sollte weit gefasst sein und unter anderem folgende Punkte enthalten und befördern:

* die kindliche Autonomie und ein Identitätskonzept;
* gesellige soziale Beziehungen sowohl zwischen den Kindern als auch zwischen Kindern und Eltern;
* Begeisterung für das Lernen;
* linguistische und mündliche Fähigkeiten, zu denen auch sprachliche Vielfalt gehört;
* mathematische, biologische, andere naturwissenschaftliche, technische und umweltbezogene Konzepte;
* musikalischer Ausdruck und ästhetische Fähigkeiten;
* Theater, Puppenspiel und Pantomime;
* Bewegungserziehung und Körperbeherrschung;

* Gesundheitserziehung, Nahrungsmittelkunde und Ernährung;
* Aufmerksamkeit gegenüber dem jeweiligen Gemeinwesen

Ziel 19: Auf welche Art die Bildungsphilosophie in die Praxis umgesetzt wird, sollte explizit und ausführlich festgehalten sein. Einrichtungen sollten über ein Organisationsprogramm verfügen, das alle ihre Aktivitäten mit einschließt, auch den pädagogischen Ansatz, die Weiterentwicklung des Personals, die Gruppenzusammensetzungen, Aus- und Weiterbildungsanforderungen für das Personal, Raumnutzung und auch, wie finanzielle Mittel eingesetzt werden, um das Programm voranzutreiben.

Ziel 20: Die Erziehung und das Lernumfeld sollten die Familie jedes Kindes, sein Zuhause, seine Sprache, das kulturelle Erbe, seinen Glauben, seine Religion und sein Geschlecht widerspiegeln und wertschätzen.

V. Ziele bezüglich des Personalschlüssels

Für das Wohl, die Entwicklung und das Lernen der Kinder ist die Qualität ihrer Beziehung zu den Betreuer/-innen besonders wichtig. Generell sollten nicht zu viele Kinder auf einen Erwachsenen kommen, wobei es aber schwer ist, bestimmte Richtzahlen vorzugeben: "Gruppengröße, Alterstrennung, Größe und Gestaltung des Gebäudes, die Art des Settings, die Zusammensetzung der Kinder (zum Beispiel der Anteil von Behinderungen oder Verhaltensauffälligkeiten), wie viele Stunden die Kinder eine Einrichtung besuchen, ob es sich um Wechselgruppen, Teilzeit- oder Ganztagesplätze handelt, das alles kann dazu beitragen, wie Personal Kinder-Schlüssel bestimmt werden" (Netzwerk Kinderbetreuung 1996, S. 21).

Ziel 21: Personalschlüssel für Gruppenbetreuung sollte die Ziele der Einrichtung und ihren Gesamtkontext widerspiegeln, sowie direkt mit dem Alter der Kinder und der Gruppengröße verknüpft sein. Die personelle Besetzung sollte üblicherweise über folgenden Zahlen liegen, diese aber nicht unterschreiten:

* 1 Erwachsene/-r : 4 Plätze für Kinder unter 12 Monaten
* 1 Erwachsene/-r : 6 Plätze für Kinder im Alter von 12-23 Monaten
* 1 Erwachsene/-r : 8 Plätze für Kinder im Alter von 24-35 Monaten.
* 1 Erwachsene/-r : 15 Plätze für Kinder im Alter von 36-71 Monaten.

Das Verhältnis in der Familientagespflege sollte "1 Erwachsene/-r : 4 Plätze für nicht schulpflichtige Kinder" nicht unterschreiten. Die eigenen Kinder der Tagespflegefamilie sollten mit eingerechnet sein.

Ziel 22: Mindestens ein Zehntel der wöchentlichen Arbeitszeit sollte ohne Kontakt zu den Kindern ablaufen und der Vorbereitung und Weiterbildung vorbehalten sein.

Ziel 23: Angemessene Ersatzkräfte sollten jederzeit verfügbar sein, um die Personalschlüssel aufrechtzuerhalten.

Ziel 24: Zeit, die das Personal mit verwaltungstechnischen, häuslichen oder hausmeisterlichen Tätigkeiten zubringt, sollte eigens gerechnet werden, zusätzlich zu den mit den Kindern verbrachten Stunden.

VI. Ziele für Beschäftigung, Aus- und Weiterbildung des Personals

Die Qualität der Kinderbetreuung hängt auch im hohen Maße von der Aus- und Fortbildung des Personals, seiner Unterstützung durch relevante Dritte und den Arbeitsbedingungen ab. Das Netzwerk Kinderbetreuung (1996) plädiert für ein "Baukastensystem", das den Erwerb aufeinander aufbauender Qualifikationen (auch berufsbegleitend oder in Berufspausen) ermöglicht. Ein hoher Lohn wird als Gewähr dafür gesehen, dass das Personal in den Einrichtungen selten wechselt (kein vorzeitiges Ausscheiden aus dem Beruf). Auch sollten mehr Männer eingestellt werden: "Wir halten das verstärkte Auftreten von direkt mit Kindern arbeitenden Männern in Einrichtungen für ein Mittel, geschlechtsstereotype Rollen in Frage zu stellen. Diese Arbeit der Männer dient dem Wohl der Kinder und ist eine Möglichkeit, eine verstärkte Anteilnahme von Vätern zu ermutigen" (a.a.O., S. 24).

Ziel 25: Alle qualifizierten Beschäftigten in Einrichtungen sollten mindestens einen national oder lokal festgelegten Tariflohn erhalten, keinesfalls weniger. Für umfassend ausgebildetes Personal sollte dieser Tariflohn dem von Lehrern/-innen vergleichbar sein.

Ziel 26: In öffentlichen Einrichtungen sollten mindestens 60% der direkt mit Kindern Beschäftigten über eine allgemein anerkannte Basisausbildung verfügen. Diese sollte mindestens drei Jahre dauern, ab dem Alter von 18 Jahren begonnen werden und sowohl Theorie als auch Praxis von Pädagogik und kindlicher Entwicklung beinhalten. Jede Art von Bildung sollte im Baukastensystem aufgebaut sein. Alle Beschäftigten (sowohl in öffentlichen Einrichtungen als auch in der Familientagespflege), die eine solche Ausbildung nicht vorweisen können, sollten ein Recht darauf haben, entsprechende Aus- und Weiterbildungsangebote zu besuchen, auch auf interner Grundlage.

Ziel 27: Alle Beschäftigten (sowohl in öffentlichen Einrichtungen als auch in der Familientagespflege), die mit Kindern arbeiten, sollten das Recht auf interne weiterführende Fortbildungen haben.

Ziel 28: Ob im öffentlichen oder im privaten Sektor, alle Beschäftigten sollten das Recht auf die Mitgliedschaft in einer Gewerkschaft haben.

Ziel 29: 20% der Beschäftigten in öffentlichen Einrichtungen sollten Männer sein.

VII. Ziele hinsichtlich Umgebung und Gesundheit

In Kindertageseinrichtungen sollen Kinder ein gesundes Essen erhalten; generell sollten ihre Gesundheit und ihr Wohlbefinden gefördert werden. Der Innen- und der Außenraumgestaltung kommen eine besondere Bedeutung zu: "'Raum ist Freiheit'. Das ist eine weitverbreitete Ansicht bezüglich entwicklungsrelevanter Bedürfnisse kleiner Kinder. Die Freiheit, ihre Umgebung drinnen wie draußen zu erforschen, sich frei zu bewegen und ausreichend Ruhe zu haben, ist wichtig für die motorische, soziale und intellektuelle Entwicklung von kleinen Kindern" (Netzwerk Kinderbetreuung 1996, S. 26).

Ziel 30: Alle Einrichtungen, seien sie privat oder öffentlich, sollten nationalen und lokalen Gesundheits- und Sicherheitsansprüchen genügen.

Ziel 31: Umgebungsplanung und Raumaufteilung, inklusive Anlage der Gebäude, der Möblierung und Ausstattung, sollten die pädagogische Philosophie der Einrichtung widerspiegeln und die Ansichten von Eltern, Personal und anderen interessierten Gruppen mit einbeziehen.

Ziel 32: Es sollte üblicherweise drinnen wie draußen ausreichend Platz geben, damit die Kinder spielen, schlafen und die sanitären Anlagen nutzen können. Auch die Bedürfnisse von Eltern und Personal sollten befriedigt werden. Das bedeutet in der Regel:

> * einen Innenraum von wenigstens sechs Quadratmetern für jedes Kind unter drei Jahren und von wenigstens vier Quadratmetern für jedes Kind von drei bis sechs Jahren (Stauraum, Korridore und Durchgänge nicht eingerechnet);
> * direkter Zugang zu einem Außenraum von wenigstens sechs Quadratmetern pro Kind;
> * 5% zusätzlichen Innenraum zum Gebrauch für Erwachsene.

Ziel 33: In den Einrichtungen sollte es die Möglichkeit geben, Essen zuzubereiten. Es sollte ernährungsphysiologisch und kulturell angemessenes Essen geben.

VIII. Ziele in Bezug auf Eltern und Gemeinwesen

Kindertageseinrichtungen sollen laut dem Netzwerk Kinderbetreuung mit Eltern zusammenarbeiten, diese über Fortschritte ihres Kindes, angebotene Aktivitäten, Verwendung der Mittel u.ä. informieren und ihnen große Mitbestimmungsrechte einräumen. Auch sind Kontakte zum Gemeinwesen wichtig: Beispielsweise können die Tagesstätten tagsüber oder an Wochenenden die Türen für junge und alte Menschen öffnen und so der Trennung der Generationen entgegenwirken. "Die Einrichtungen sollten mit der Nachbarschaft interagieren und sie darüber hinaus nutzen: zum Beispiel Schwimm- und Sporthallen nutzen; Ausstellungen, Museen, Parks und andere Sehenswürdigkeiten vor Ort besuchen; bei Brauchtumspflege oder der Organisation von Festen mitwirken; heimische Geschäfte bevorzugen; und die öffentlichen Verkehrsmittel vor Ort benutzen" (Netzwerk Kinderbetreuung 1996, S. 28). Auch sollten Kontakte zur Schule bestehen.

Ziel 34: Eltern sind in Einrichtungen für kleine Kinder Kooperationspartner/-innen und Teilhaber/-innen. Als solche haben sie ein Recht darauf, Informationen zu geben und zu erhalten sowie ihre Ansichten formell und informell kundzutun. In den Einrichtungen sollten Entscheidungen vollkommen partizipatorisch sein und Eltern, das gesamte Personal und wenn möglich die Kinder beteiligen.

Ziel 35: Einrichtungen sollten formelle und informelle Beziehungen zum Gemeinwesen unterhalten, zu den Kommunen oder Bezirken.

Ziel 36: Einrichtungen sollten bei ihrer Einstellungspolitik besonderen Wert darauf legen, Beschäftigte zu gewinnen, die die ethnische Vielfalt des lokalen Umfeldes widerspiegeln.

IX. Ziele hinsichtlich der Ausführung

Kindertageseinrichtungen sollten laut dem Netzwerk Kinderbetreuung Auskunft über die Kosten der Fremdbetreuung geben (möglichst als Pro-Kopf-Ausgaben) und Rechenschaft bezüglich der Verwendung der ihnen zur Verfügung stehenden Mittel ablegen - eine Grundbedingung für ihre Vertrauenswürdigkeit. Auf diese Weise würde das Personal auch eine Vorstellung davon bekommen, was Kinderbetreuung an Kosten verursacht. Besonders wichtig ist, dass regelmäßig die Qualität der Erziehungsziele, des Curriculums und der pädagogischen Arbeit bewertet wird, aber auch die Entwicklung jedes einzelnen Kindes. Letzteres kann durch das Personal und/oder mit Hilfe der Eltern (z.B. im Gespräch) erfolgen. Auch Gruppenprozesse können bewertet werden. Neben der Selbst- und Teamevaluation oder der Bewertung der Einrichtung durch Eltern (z.B. anhand eines Fragebogens) empfiehlt das Netzwerk Kinderbetreuung (1996) die Fremdevaluation durch außenstehende Fachleute: "Koordinatoren/-innen, Inspektoren/-innen, Supervisoren/-innen, Berater/-innen oder Forscher/-innen können eine externe, bedeutsame Bewertung von Entwicklungen liefern. In manchen Einrichtungen wird besonderer Wert auf Forschung gelegt, und es entwickelten sich enge Beziehungen zu Forschungsinstitutionen vor Ort, um eine unabhängige und strenge kritische Analyse der Arbeit einer Einrichtung zu ermöglichen" (S. 30).

Ziel 37: Einrichtungen sollten in einem Jahresbericht oder mit anderen Mitteln offen zeigen, wie sie ihre Ziele erreichen und wie sie ihr Budget verwenden.

Ziel 38: In allen Einrichtungen sollte die Entwicklung der Kinder regelmäßig bewertet werden.

Ziel 39: Die Ansichten der Eltern und des Gemeinwesens sollten ein integraler Bestandteil des Bewertungsvorganges sein.

Ziel 40: Das Personal sollte regelmäßig seine Leistungen bewerten, sowohl anhand von objektiven Methoden als auch durch Selbstevaluation.

Anhang 2

Normenelemente eines Qualitätsmanagementsystems nach DIN EN ISO 9000 – Übersetzungsversuch
(übernommen vom Kommunalen Geschäftstellenbericht 2/2001)

DIN EN ISO 9000	Und was heißt das für ein pädagogisches Unternehmen?	Zielstellungen / Handlungsfelder
4.1. Verantwortung der Leitung	Verantwortung der Leitung	Die Leitung ist Vorbild in der Qualitätspolitik. Sie trägt Sorge dafür, dass Qualitätsverständnis, -politik und –ziele klar sind, dass sie angemessen kommuniziert werden und die Umsetzung überprüft wird. Sie legt Verantwortlichkeiten fest (z. B. in Stellen- und Funktionsbeschreibungen), stellt Mittel bereit und ernennt einen Qualitätsbeauftragten.
4.2. Qualitätsmanagement-system (QMS)	QMS unter Berücksichtigung der Besonderheit pädagogischer Dienstleistung	Das Qualitätsmanagement system und sein Aufbau werden in einem Handbuch beschrieben. Wesentlicher Kern: Qualitätsrelevante Verfahren sind umfassend, vollständig, mit Benennung der jeweils Verantwortlichen von der Bedarferhebung bis zur Nachkontrolle darzustellen.
4.3. Vertragsprüfung	Prüfen, Erstellen, Einhalten und Kontrollieren von Verträgen (mit Eltern, öffentlichen Auftraggebern etc.)	Regelung der Bearbeitung von Anfragen; Informationsbereitstellung zu machbaren Leistungen und Leistungspaketen; Klarheit beider Seiten bei Vertragsabschluss; Sicherstellen, dass Verträge eingehalten werden können; Regelung bei Vertragsänderungen etc.
4.4. Designlenkung/ Entwicklungsplanung	Entwicklung neuartiger Angebote	Sorgfältige Planung neuer Angebote unter Einbezug aller Anforderungen, die die Leistung erfüllen muss (Soll-Vorgaben). Klären des Informationsflusses, der fristen und Termine, der Verantwortlichkeiten. Machbarkeits- und Ange-

		messenheitsüberprüfung, Abgleich der Ergebnisse mit dem Soll-Vorgaben, Regelung der Freigabe, Dokumentation der Entwicklungs- und Entscheidungsstufen etc.
4.5. Lenkung von Dokumenten und Daten	Steuerung der für die Absicherung der pädagogischen (und flankierenden) Arbeit notwendigen Dokumente und Daten; Datenschutz, Steuerung der Qualitätsdokumente selbst	Jederzeitige Verfügbarkeit aktueller und autorisierter Qualitätsdokumente an den Stellen, an denen sie benötigt werden. Klärung von Prüf-, Freigabesystemen, Festlegen von Verteilern und Änderungswegen. Aktuelle Listen über die jeweils gültigen Fassungen von Dokumenten
4.6. Beschaffung	Auswahl und Beschaffung geeigneter Materialien, Geräte und externe Dienstleistungen Dritter, die den Prozess der pädagogischen Dienstleistung beeinflussen; auch Personalbeschaffung	Sicherstellen, dass Qualitätsanforderungen an Produkte/Dienstleistungen vor der Beschaffung festgelegt werden, Beschaffungsaufträge geregelt verlaufen und dokumentiert werden und dass Produkte bei Entgegennahme überprüft werden (Wie?). Klären welche Kriterien Lieferanten/ Dienstleister erfüllen müssen (Lieferantenlisten)
4.7. Lenkung der vom Kunden beigestellten Produkte	Ist für Kindertagesstätten kaum relevant. Gemeint ist, dass geregelt werden muss, wie vom Kunden (Kinder und Eltern) selbst gelieferte Produkte, die Bestandteil des Endproduktes werden, zu behandeln sind.	Erübrigt sich
4.8. Kennzeichnung und Rückverfolgbarkeit von Produkten	Dokumentation/Rückverfolgbarkeit der einzelnen Stadien der Erziehungsprozesse (EP) (auch individuell)	Steht in engen Zusammenhang mit der Prozesslenkung. Sichern, dass über die einzelnen Stufen eines Prozesses – wenn sinnvoll – auch Aufzeichnungen geführt werden
4.9. Prozesslenkung	Steuern der Planung und Durchführung von EP und Be-/Auswertung der Ergebnisse mit Blick auf die Wirksamkeit der angewandten Verfahren und die Qualität der Ergebnisse	Benennung der wichtigsten Prozesse, die die Erziehungsleistung und ihre flankierenden Prozesse ausmachen (z. B. Aufnahme von Kindern, Eingewöhnung, Planung des Alltags, Mahlzeiten, Spiele, Projekte, Ruhe und Aktivität, Feststellen von Entwicklungsfortschritten, Zusammenarbeit im Team,

		Zusammenarbeit mit Eltern, Mittelverwendung etc.). Festlegen der Qualitätskriterien für die Prozesse, Festlegen der Arbeitsstufen, der Verantwortlichkeiten, der Hilfsmittel etc. von der Planung bis zur Auswertung
4.10. Prüfungen	Prüfung und Bewertung der Zielerreichung der pädagogischen (bzw. flankierenden) Prozesse (auch in den einzelnen Stufen)	Festlegen und Entwickeln sinnvoller Kontrollen und Kontrollinstrumente wie Checklisten, Beobachtungsbögen, Kontrollgespräche; Festlegen von Intervallen und Terminen, Verantwortlichkeiten; Festlegen und Führen von Aufzeichnungen
4.11. Prüfmittelüberwachung	Überprüfung der Gültigkeit und Verlässlichkeit aller Kriterien und Verfahren bei der Bewertung der Erziehungsleistung. Nur in Ansätzen relevant, im pädagogischen Bereich keine aufwendigen technischen Prüfmittel.	Bezieht sich im Wesentlichen auf die Pflege und Weiterentwicklung angemessener zuverlässiger Messmethoden
4.12. Prüfstatus	Jederzeitige Abrufbarkeit des Realisierungsstandes von Betreuungs- und Erziehungsvorhaben und -prozessen und Einschätzung des Qualitätsstandes	Festhalten von Qualitätsständen von Projekten und Prozessen in Protokollen (Z. B. von Dienst- und Teamgesprächen)
4.13. Lenkung fehlerhafter Produkte	Geregelter Umgang mit Beeinträchtigungen der Betreuungs- und Erziehungsleistungen (Kündigungen, Beschwerden etc.)	Schnelle Beseitigung und Ersetzen ungeeigneter Verfahren und Methoden
4.14. Korrektur- und Vorbeugemaßnahmen	Festlegung von Maßnahmen zur Verbesserung des EP bei festgestellten Fehlern, auch vorbeugend	Beseitigung von festgestellten Mängeln. Nachhaltige Behandlungen von Fehlermeldungen durch systematische Fehler- und Ursachenanalyse und Folgerungen daraus. Schnelle Einarbeitung notwendiger Änderungen in die bestehenden Dokumente und spätere Erfolgsüberprüfung. Vorbeugende Fehlerrisiken bei der Definition von Verfahren bedenken.
4.15. Handhabung, Lagerung, Verpackung, Konservierung und Versand	Für Erziehungsprozesse (EP) kaum relevant	Erübrigt sich
4.16. Lenkung von Qualitätsaufzeichnungen	Systematischer und sachgerechter Umgang mit allen Unterlagen, die für die fachgerechte Durchführung des EP und die Qualität seiner Ergebnisse	Es besteht ein enger Zusammenhang zu 4.5. Qualitätsaufzeichnungen müssen leicht aufzufinden

	Nachweis sind	und in Ordnung gehalten werden. Dazu dienen eindeutige Kennzeichnungen (Verantwortliche, Termine, Vollständigkeit etc.), systematische Sammlung, Pflege, vereinbarte Aufbewahrungszeiten und sachgerechte Entsorgung
4.17. Interne Qualitätsaudits	Interne Überprüfung und Bewertung der Prozesse zur Erbringung der pädagogischen Dienstleistung, Überprüfung der sachgerechten Strukturen und der Wirksamkeit des QMS	Festlegen, Freigabe und Veröffentlichung von Autitplänen (Termine, einbezogene Personen und Gruppen, Inhalte); Gewährleistung der „Neutralität" der Prüfer; Dokumentation der Ergebnisse und Folgerungen daraus; Veranlassung von Korrekturmaßnahmen und Überprüfung der Korrekturen; Bericht an die Geschäftsführung
4.18. Schulung	Fort- und Weiterbildung: Angebote zur Pflege, Anpassung und Weiterentwicklung der Qualifikation, die für eine erfolgreiche Planung, Gestaltung und Bewertung von EP 8und der flankierenden Maßnahmen) unerlässlich sind, spezifische Schulungen zur Pflege und Weiterentwicklung des QMS von hoher Bedeutung für ein pädagogisches Unternehmen	Systematische Erfassung des Schulungsbedarfs; Definition, Entwicklung und Durchführung von Schulungsmaßnahmen (intern oder Extern); Dokumentation der Schulungen; Auswertung des Schulungserfolgs
4.19. Wartung	Kaum von Bedeutung für pädagogische Einrichtungen; ggf. Nachkontakte und Nachbetreuung: Auswertung der Erfahrung der Kunden für die EP (Kinder, Jugendliche, Eltern etc.)	Erübrigt sich
4.20. Statistische Methoden	Nicht im Sinne der Norm auf pädagogische Institutionen anwendbar	Angewandte statistische Verfahren und Auswertungen nur im Hinblick auf Erfolgskontrollen u. ä. (Belegungszahlen, Interessentenanfragen, Beanstandungen etc.) Als Datensammlung unverzichtbar

Anhang 3

Die Werkstatt auf einen Blick

(vgl.: Ziesche, U.: Werkstatthandbuch,1999)

Erstellungsprozesse	Transfer/Umsetzungsprozess	Begleitung durch Kitaberatung
Eingewöhnung Arbeitsgruppe (AG) unter Beteiligung von Erzieher/innen, Leitung, Eltern und Fachamt erarbeitet eine Qualitätsstandardskala. Teilgruppe erstellt eine Eingewöhnungsbroschüre für Eltern	Informationsveranstaltung für die Kitaleitungen „Möglichkeiten und Grenzen von Qualitätsstandards in der Pädagogik" Informationen zum Projekt und zum Standard „Eingewöhnung" 5 Projektkitas beginnen mit der Umsetzung, die Leitungen der Projektkitas bilden AG: In kleinen Teilschritten, methodische Vorbereitung und Auswertung von Dienstbesprechungen bis zum Abschluss der Zielvereinbarungen	Planung und Initiieren der Werkstatt mit Fachamt und Jugendstadtrat besprochen: Auftrag genehmigt Einladung für die 1. Erstellungsgruppe an Erzieher/innen, Leitung, Eltern und Fachamt. Im weiteren Verlauf wird der organisatorische Rahmen gewährleistet.
Essenssituation AG unter Beteiligung von Erzieher/innen, Leitung und Eltern erarbeitet Skala zu diesem Thema		Fachliche und methodische Begleitung aller AGs im Erstellungsprozess, Literaturrecherche für die erarbeiteten Qualitätsziele
Schlaf- und Ruhesituation AG unter Beteiligung von Erzieher/innen, Leitung und Eltern erarbeitet Skala zu diesem Thema	Informationen für den gesamten Kitabereich, alle 14 Tage erscheinendes Info-Blatt, jeden zweiten Monat einen Jour-Fixe	Initiierung der Steuerungsgruppe und deren Mitarbeiter
Sauberkeitserziehung AG unter Beteiligung von Erzieher/innen, Leitung und Eltern erarbeitet Skala zu diesem Thema	Eine Mess-AG erarbeitet Fragebögen zu einzelnen Qualitätsstandards/ insbesondere für die Elternbefragung	Fachliche Begleitung der Projektkitas; Erstellung eines Handlungsleitfadens für die Leitungen
Sexualpädagogik AG unter Beteiligung von Erzieher/innen, Leitung und Eltern erarbeitet Skala zu diesem Thema	Informationsveranstaltung für die Kitaleitungen und Erzieher/innen; Austausch von Informationen über die Projektkitas; Informationen zur 2. Projektphase	Fachliche Begleitung der Mess-AG Öffentlichkeitsarbeit, Präsentation, Pressekonferenz
Freispiel AG unter Beteiligung von Erzieher/innen, Leitung und Eltern erarbeitet Skala zu diesem Thema	Projektkitas haben Zielvereinbarungen zwischen Erzieher/innen und Leitung abgeschlossen; Zielvereinbarung zwischen Kitas und Fachamt wird vorbereitet	Fachliche Begleitung der 2. Umsetzungsphase Begleitung der jährlichen Ergebnisrückmeldung der Elternbefragung
Die Erarbeitung weiterer Qualitätsstandards wurde vorläufig ausgesetzt	2. Umsetzungsphase mit allen kommunalen Kitas von Reinickendorf	

Anhang 4

Benchmarking – Fragebögen

(vgl. Burmeister, J., 2000, S. 163 – 167)

A. Organisationsfragebogen für die Kindertageseinrichtung selbst

a.) Betriebswirtschaftliche Größen

- Kostenstrukturen (Personal, Sachkosten, Einzelbudgets z.B. für Spielsachen ...)
- Ertragsstrukturen (Beiträge, Eigenmittel, Zuwendungen, Spenden...)

b.) Räumlich – sachliche Ausstattung und Außenanlagen

- Anzahl, Größe und Ausstattung der verschiedenen Räumlichkeiten
- Gestaltung der Außenanlagen / Gartenbereich
- Spielzeug, Fachliteratur, Fachzeitschriften

c.) Personelle Ausstattung

- Anzahl und Qualifikation des Personals
- Fortbildungskonzept, Fortbildungsbereitschaft
- Beratungsoffenheit
- Aushilfen

d.) Inhalt-Konzeption

- Welches pädagogische Konzept?
- Pädagogische Standards
- Gruppengrößen
- Elternarbeit
- Altersspezifische Angebote
- Verhältnis freies Spiel und strukturiertes Angebot
- Essensangebot
- Öffnungszeiten

e.) Information zu den Kindern

- Anzahl
- Altersverteilung
- Geschlechterverteilung
- Besondere Problemlagen

B. Elternbefragung

- Bewertung der räumlichen Ausstattung, Außenanlagen und Lage der Einrichtung
- Zuverlässigkeit hinsichtlich vereinbarter Veranstaltungen / Termine
- Reagiert man auf Anregungen / Kritik
- Kompetenz des pädagogischen Personals
- Können sich Erzieherinnen in Situationen der Kinder und Familien hineinfühlen
- Fühlt man sich über die Entwicklung des Kindes ausreichend informiert
- Beurteilung der Elternarbeit

C. Befragung von Kooperationspartnern (Jugendamt / andere Einrichtungen)

- Bekanntheit der Einrichtung
- Lage der Einrichtung
- Angebotsstruktur
- Eindruck über Kindertageseinrichtung
- Spezifische positive oder negative Erfahrungen
- Image der Einrichtung
- Qualifikations- und Kompetenzprofil

- Bisherige Formen der Zusammenarbeit (zuverlässig …)

Anhang 5

SGB VIII – 2. Kapitel – 3. Abschnitt: Förderung von Kindern in Tageseinrichtungen und in Tagespflege

§ 22
[Grundsätze der Förderung von Kindern in Tageseinrichtungen]

(1) In Kindergärten, Horten und anderen Einrichtungen, in denen sich Kinder für einen Teil des Tages oder ganztags aufhalten (Tageseinrichtungen), soll die Entwicklung des Kindes zu einer eigenverantwortlichen und gemeinschaftsfahigen Persönlichkeit gefördert werden.

(2) Die Aufgabe umfasst die Betreuung, Bildung und Erziehung des Kindes. Das Leistungsangebot soll sich pädagogisch und organisatorisch an den Bedürfnissen der Kinder und ihrer Familien orientieren.

(3) Bei der Wahrnehmung ihrer Aufgaben sollen die in den Einrichtungen tätigen Fachkräfte und anderen Mitarbeiter mit den Erziehungsberechtigten zum Wohl der Kinder zusammenarbeiten. Die Erziehungsberechtigten sind an den Entscheidungen in wesentlichen Angelegenheiten der Tageseinrichtung zu beteiligen.

§ 23
[Tagespflege]

(1) Zur Förderung der Entwicklung des Kindes, insbesondere in den ersten Lebensjahren, kann auch eine Person vermittelt werden, die das Kind für einen Teil des Tages oder ganztags im eigenen oder im Haushalt des Personensorgeberechtigten betreut (Tagespflegeperson).

(2) Die Tagespflegeperson und der Personensorgeberechtigte sollen zum Wohl des Kindes zusammenarbeiten. Sie haben Anspruch auf Beratung in allen Fragen der Tagespflege.

(3) Wird eine geeignete Tagespflegeperson vermittelt und ist die Förderung des Kindes in Tagespflege für sein Wohl geeignet und erforderlich, so sollen dieser Person die entstehenden Aufwendungen einschließlich der Kosten der Erziehung ersetzt werden. Die entstehenden Aufwendungen einschließlich der Kosten der Erziehung sollen auch ersetzt werden, wenn das Jugendamt die Geeignetheit und Erforderlichkeit der Tagespflege für das Wohl des Kindes und die Eignung einer von den Personensorgeberechtigten nachgewiesenen Pflegeperson feststellt.

(4) Zusammenschlüsse von Tagespflegepersonen sollen beraten und unterstützt werden.

§ 24
[Ausgestaltung des Förderungsangebots in Tageseinrichtungen]

Ein Kind hat vom vollendeten dritten Lebensjahr bis zum Schuleintritt Anspruch auf den Besuch eines Kindergartens. Für Kinder im Alter unter drei Jahren und für Kinder im schulpflichtigen Alter sind nach Bedarf Plätze in Tageseinrichtungen vorzuhalten. Die Träger der öffentlichen Jugendhilfe haben darauf hinzuwirken, dass ein bedarfsgerechtes Angebot an Ganztagsplätzen zur Verfügung steht.

§ 24a
[Übergangsregelung zum Anspruch auf den Besuch eines Kindergartens]

(1) Kann zum 01.Januar 1996 in einem Land das zur Erfüllung des Rechtsanspruchs nach § 24 Satz 1 erforderliche Angebot nicht gewährleistet werden, so gelten die nachfolgenden Regelungen.

(2) Landesrecht kann einen allgemeinen Zeitpunkt, spätestens den 01.August 1996, festlegen und bestimmen, dass erst ab diesem festgelegten Zeitpunkt der Anspruch eines Kindes, das bis zu diesem Tag das dritte Lebensjahr vollendet hat, besteht.

(3) Landesrecht kann für die Zeit ab dem 01.August 1996 bis zum 31.Dezember 1998 eine Regelung treffen, die die örtlichen Träger, die den Rechtsanspruch nach § 24 Satz 1 noch nicht erfüllen können, auf Antrag befugt, für ihren Bereich allgemeine Zeitpunkte festzulegen, ab denen der Rechtsanspruch auf den Besuch des Kindergartens besteht. Diese Zeitpunkte dürfen höchstens sechs Monate und für das Jahr 1998 höchstens vier Monate auseinander liegen. Voraussetzung für die Befugnis ist, dass der örtliche Träger vorab im Rahmen der Jugendhilfeplanung das noch bestehende Versorgungsdefizit festgestellt und verbindliche Ausbaustufen zur Verwirklichung des Angebots, das eine Erfüllung des Rechtsanspruchs nach § 24 Satz 1 zum frühestmöglichen Zeitpunkt, spätestens zum 31.Dezember 1998, gewährleistet, beschlossen hat.

(4) Landesrecht kann auch regeln, dass der Anspruch im Rahmen der Absätze 2 und 3 bis zum 31.Dezember 1998 auch durch ein anderes geeignetes Förderungsangebot erfüllt werden kann.

(5) Besteht eine landesrechtliche Regelung nach den Absätzen 2 bis 4, so hat der örtliche Träger der Jugendhilfe im Rahmen seiner Gewährleistungspflicht nach § 79 sicherzustellen, dass ein Kind vom vollendeten dritten Lebensjahr an auch vor den jeweiligen allgemeinen Zeitpunkten einen Kindergartenplatz oder ein anderes geeignetes Förderungsangebot erhält, wenn die Ablehnung für das Kind oder seine Eltern eine besondere Härte bedeuten würde.

§ 25
[Unterstützung selbstorganisierter Förderung von Kindern]

Mütter, Väter und andere Erziehungsberechtigte, die die Förderung von Kindern selbst organisieren wollen, sollen beraten und unterstützt werden.

§ 26
[Landesrechtsvorbehalt]

Das Nähere über Inhalt und Umfang der in diesem Abschnitt geregelten Aufgaben und Leistungen regelt das Landesrecht. Am 31.Dezember 1990 geltende landesrechtliche Regelungen, die das Kindergartenwesen dem Bildungsbereich zuweisen, bleiben unberührt.

Quellenverzeichnis

Bergmann, Sabine: Bildung und Erziehung in Tageseinrichtungen stärken. „Nationale Qualitätsinitiative im System der Kindertageseinrichtungen für Kinder" zieht Zwischenbilanz. Pressemitteilung Berlin 13.05.2002, URL: http://www.bundesregierung.de (30.05.2002)

Bobzien, Monika (Hg.)/ W. Stark/ F. Straus: Schwerpunkt Management. Professionelle Personalarbeit und Organisationsentwicklung, Qualitätsmanagement, Alling 1996

Böckler Stiftung: Empfehlung zur Neuorientierung der Bildungsfinanzierung, 2001, URL: http://www.spd-bildungsserver.de/service/inhaltsangabe.htm. (16.04.2002)

Bundesministerium für Familie, Senioren, Frauen und Jugend: Qs4. Qualitätsmanagement in der Jugendverbandsarbeit. Materialien zur Qualitätssicherung in der Kinder- und Jugendhilfe. Broschürenreihe, Bonn 1996

Bundesministerium für Familie, Senioren, Frauen und Jugend (BMFSFJ): Zehnter Kinder- und Jugendbericht. Bericht über die Lebenssituation von Kindern und die Leistungen der Kinderhilfen in Deutschland, Deutscher Bundestag Drucksache 13/11368, Bonn 1998, S. 188 – 210

BMFSFJ: Kinder- und Jugendhilfe - SGB VIII, 10. Auflage, Berlin 2000

Bund-Länder-Kommission für Bildungsplanung und Forschungsförderung (BLK): Übersicht über nationale und internationale Initiativen zu Qualitätsvergleichen und Qualitätssicherung im Bildungswesen, Bonn, 23. Juli 2001, S. 8-10

Burmeister, J.: Benchmarking: Qualitätsentwicklung in Kindertageseinrichtungen durch den Vergleich mit anderen. In: Irskens B./ Vogt H. (Hg.): Qualität und Evaluation. Eine Orientierung – nicht nur für Kindertageseinrichtungen. Frankfurt am Main 2000, S. 163 – 167

Colberg-Schrader, H., Honig, S.: Nach dem Rechtsanspruch. Pädagogik und Politik der Kinderbetreuung. In: Kindergartenentwicklung. Profil trotz Finanzkrise, Sozialpädagogische Blätter, Jahrbuch 2. Weinheim/Basel 1988, S. 141-154

Deutsches Jugendinstitut: Tageseinrichtungen für Kinder. Pluralisierung von Angeboten, München 1998

Eibeck, B.: Beschäftigte müssen das Thema Qualität offensiv angehen. GEW-Programm: Qualitätsentwicklung in Kindertagesstätten, 21.02.2001, URL: http://www.gew.de (25.02.2002)

Erath, P. / Amberger, C.: Das KitaManagementKonzept. Herder. Freiburg im Breisgau 2000

Fthenakis, W. E.: Bildung und Erziehung für Kinder unter sechs Jahren: Der Bayerische Bildungs- und Erziehungsplan. URL: http://www.fthenakis.de/cmain/bildung.html oder http://www.ifp-bayern.de/cms/Ftenakis_Pressekonferenz.pdf München (7, Oktober 2002)

Fthenakis, W. E.: Interview mit Forum Bildung: Deutschland braucht ein Bildungskonzept für den frühkindlichen Bereich URL.: http://www.ifp-bayern.decms/forumbildung.pdf (10.10.2002)

Fthenakis, W. E.: Statement anlässlich der Pressekonferenz: Bildungsoffensive im vorschulischen Bereich. Familienministerin Stewens kündigt Entwicklung eines Bildungs- und Erziehungsplans für Krippen- und Kindergartenkinder an, 19.12.2001, München, URL: http://www.stmas.bayern.de/familie/kinderbetreuung/fthenakis011219.htm (10.10.2002)

Gerull, P.: Handlungsfelder eines sozialen Qualitätsmanagement. In: EREV/ Gerull P.: Hand- und Werkbuch „Soziales Qualitätsmanagement" - Konzepte und Erfahrungen – Hannover 2000

GEW: Erklärung der Gewerkschaft zur Bildungsmesse 2001, URL: http://www.gew.de/aktuell/frame_euw.htm (26.06.2002a)

Hermens, C.: Qualitätsanforderungen an Kindertageseinrichtungen – Worüber gibt es derzeit Konsens?In: Sozialpädagogisches Institut NRW: Fachpolitischer Diskurs. Lebensort Kindertageseinrichtung Bilden – Erziehen – Fördern. Professionalität und Qualität in Kindertageseinrichtungen – Viel erreicht – noch viel zu tun? Dokumentation 4. Workshop, Siegen 2000, S. 23-28

Irskens B./ Vogt H. (Hg.): Qualität und Evaluation. Eine Orientierung – nicht nur für Kindertageseinrichtungen. Eigenverlag des Deutschen Vereins für öffentliche und private Führsorge, Frankfurt am Main 2000

Kommunale Geschäftsstelle – Bericht 2/2001: Kommunales Qualitätsmanagement von Bildung, Erziehung und Betreuung in Tageseinrichtungen für Kinder. Köln 2001

Koppold, G.: Anmerkungen zur Qualitätsdiskussion in Kindertagesstätten. In: Gemeinsam leben – Zeitschrift für integrative Erziehung Nr. 1-99, Hermann Luchterhand Verlag, Neuwied 1999, URL: http://bidok.uibk.ac.at/texte/gl1-99-diskussion.html (13.09.2001)

Kreyenfeld, M. (Hg.)/ C.K. Spieß/ G.G. Wagner: Finanzierungs- und Organisationsmodelle institutioneller Kinderbetreuung: Analysen zum Status quo und Vorschläge zur Reform, Neuwied u. a. 2001

Kronberger Kreis (Hg.): Qualität im Dialog entwickeln: Wie Kindertageseinrichtungen besser werden. Seelze 1998

Landesausführungsgesetze zum § 26 KJHG

Baden-Württemberg: Kindergartengesetz für Baden-Württemberg (KGaG) in der Fassung vom 15. März 1999

Bayern: Bayerisches Kindergartengesetz [vom Juli 1972 – Gesetz- und Verordnungsblatt (GVBl).S.297 – geändert durch § 12 des Bay. Verwaltungsverfahrensgesetz vom 10. August 1982 – GVBl. S. 685]1]

Berlin: Gesetz zur Förderung und Betreuung von Kindern in Tageseinrichtungen und Tagespflege (Kindertagesbetreuungsgesetz – KitaG) in der Fassung vom 25. November 1998

Brandenburg: Zweites Gesetz zur Ausführung des Achten Buches des Sozialgesetzbuches – Kinder- und Jugendhilfe – Kindertagesstättengesetz (KitaG) vom 10. Juni 1992 (GVBl. I S. 178), geändert durch das Erste Gesetz zur Änderung des Kindertagesstättengesetzes vom 7. Juni 1996 (GVBl. I S. 182), Artikel 1 des 1. Haushaltsstrukturgesetzes vom 17. Dezember 1996 (GVBl. I S. 358), Artikel 3 des Haushaltsstrukturgesetzes vom 28. Juni 2000 (GVBl. I S. 90, 91) und zweites Gesetz zur Änderung des Kindertagesstättengesetzes (Kita-Gesetz-Novelle) vom 7. Juli 2000 (GVBl. I S. 106)

Bremen: Kindergärten und Horte, Bremisches Gesetz zur Förderung von Kindern in Tageseinrichtungen und in Tagespflege (Bremisches Tageseinrichtungs- und Tagespflegegesetz – BremKTG) (Neufassung vom 19. Dezember 2000 – GBl. S. 491)

Freistaat Sachsen: Gesetz zur Förderung von Kindern in Tageseinrichtungen im Freistaat Sachsen (Gesetz über Kindertageseinrichtungen – SächsKitaG) in der Fassung vom 10. September 1993 (GVBl. S. 999) mit den Änderungen aus dem Gesetz über Maßnahmen zur Sicherung der öffentlichen Haushalte im Freistaat Sachsen (Haushaltsbegleitgesetz 1996) vom 22. Juli 1996

Hamburg: Infosystem, Förderung von Kindern bis zu 14 Jahren in Kindertageseinrichtungen, Vorschulklassen, Horten in der Schule und pädagogischen Mittagstischen

Hessen: Hessisches Kindergartengesetz (vom 14. Dezember 1989 – GVBl. I S. 450)

Mecklenburg-Vorpommern: Gesetz zur Förderung von Kindern in Tageseinrichtungen und Tagespflege – Erstes Ausführungsgesetz zum Kinder- und Jugendhilfegesetz (KitaG) vom 19. Mai 1992 (GVOBl.M-V S. 270), in Kraft am 30. Mai 1992, geändert durch Gesetz vom 28. Februar 1993 (GVOBl.M-V S. 169) und Gesetz vom 11. Dezember 1995 (GVOBl.M-V S. 603, in Kraft am 1. Januar 1996 – GS Meckl.-Vorp.Gl.Nr. 226-1

Niedersachsen: Gesetz über Tageseinrichtungen für Kinder (KiTaG) in der Fassung vom 7. Februar 2002 (Nds. GVBl. S. 57 – VORIS 2113003)

Nordrhein-Westfahlen: Zweites Gesetz zur Ausführung des Gesetzes zur Neuordnung des Kinder- und Jugendhilferechtes (Gesetz über Tageseinrichtungen für Kinder – GTK) vom 29. Oktober 1991 in der Fassung vom 16. Dezember 1998

Rheinland-Pfalz: Kindertagesstättengesetz in Rheinland-Pfalz (vom 15. März 1991 – GVBl. S. 79) zuletzt geändert am 10. Februar 1998 (GVBl. S. 25)

Saarland: Gesetz Nr. 969 zur Förderung der vorschulischen Erziehung vom 9. Mai 1973 [in der Fassung der Bekanntmachung vom 18. Februar 1975 [Amtblatt (Amtsbl.) S. 368], zuletzt geändert durch das Gesetz vom 7. Juni 2000 (Amtsbl. S. 1021)]

Sachsen-Anhalt: Gesetz zur Förderung und Betreuung von Kindern in Tageseinrichtungen (KiBeG) vom 26. Juni 1991 (GVBl. S. 126), geändert durch Artikel 1 Änderungsgesetz vom 18.07.1996 (GVBl. S. 224), durch Artikel 4 Haushaltsbegleitgesetz 1997 vom 17.12.1996 (GVBl. S. 416), durch Änderungsgesetz vom 31.03.1999 (GVBl. S. 125), durch Verwaltungsordnung zur Anpassung von Kinderbetreuungspauschalen vom 31.01.2001 (GVBl. S. 48) und durch Verwaltungsordnung zur Anpassung von Kinderbetreuungspauschalen vom 27.02.2002

Schleswig-Holstein: Gesetz zur Förderung von Kindern in Tageseinrichtungen und Tagespflegestellen (Kindertagesstättengesetz – KiTaG) vom 12.12.1991, Gliederungsnummer (Gl.-Nr.): 850-1, Fundstelle: GVOBl. Schl.-H. 1991 S. 651

Thüringen: Thüringer Gesetz über Tageseinrichtungen für Kinder als Landesausführungsgesetz zum Kinder- und Jugendhilfegesetz (Kindertageseinrichtungsgesetz – KitaG) vom 25. Juni 1991 (GVBl. S. 113), zuletzt geändert durch Gesetz vom 21. Dezember 2000 (GVBl. S. 413)

QUMsult: Die neue ISO 9000:2000, URL.: http://www.qumsult.de/iso%209000%202000%20prozessorientiertes%20qualitaetsmanagement.htm (19.10.2002)

Rauschenbach, Th.: Kindertageseinrichtungen im System der sozialen Infrastruktur. Perspektiven pädagogischen Handelns. Vortrag im Rahmen der Tagung „Lebensort Kindertageseinrichtungen: Bilden – Erziehen – Fördern" des MfJFG NRW am 03.02.2000 im Landeshaus Münster: Quelle: www.mfjfg.nrw.de/home.htm (20.05.2002)

Schröder, G.: In 10 Jahren an die Spitze. Bundeskanzler Gerhard Schröder zu PISA und den Konsequenzen für das deutsche Schulsystem, Presseerklärung Berlin 27.06.2002, URL: http://www.bundesregierung.de (28.06.2002)

Sell, S.: Vortrag auf der Konferenz „ Zukunftsfaktor Kinder. Für ganztägige Bildung und Betreuung in Deutschland.“, 07.06.2002, Berlin, URL: http://www.eaf-berlin.de/pdfs/KonfDoku/Sell.pdf

Textor, M. R.: Familiärer Wandel: Entwicklungstendenzen und Auswirkungen URL: http://www.kindergartenpaedagogik.de/38.html (26.06.2002)

Textor, M. R. : Qualität der Kindertagesbetreuung: Ziele des Netzwerks Kinderbetreuung der Europäischen Kommission. In: Nachrichtendienst des Deutschen Vereins für öffentliche und private Fürsorge (NDV), München Heft 1/1999, S. 17-24

Thoms, K.: Neufassung der ISO 9000 ff. URL: http://www.klaus-thoms.de/qmsfaq2.htm (13.09.2002)

Tietze, W./ Schuster, K.-M./ Rossbach, H.-G.: Kindergarten-Einschätz-Skala: (KES); deutsche Fassung der Early Childhood Environment Rating Scale von Thelma Harms & Richard M. Clifford, Neuwied; Kriftel; Berlin: Luchterhand, August 1997,

Tietze, W. (Hg): Wie gut sind unsere Kindergärten? Eine Untersuchung zur pädagogischen Qualität in deutschen Kindergärten. Luchterhand. Neuwied, Kriftel, Berlin 1998

Tietze, W. / Spieß, C. K.: Gütesiegel als neues Instrument der Qualitätssicherung von Humandienstleistungen. Gründe, Anforderungen und Umsetzungsüberlegungen am Beispiel von Kindertageseinrichtungen. Diskussionspapier Nr. 243. Deutsches Institut für Wirtschaftsforschung (DIW). Berlin 2001

Wiesner, R.: Tageseinrichtungen für Kinder im neuen Kinder- und Jugendhilfegesetz. In: Merker, H. (Hrsg.): Tageseinrichtungen für Kinder: Beiträge aus der Praxis für die Praxis, Kohlhammer, Köln 1993

Wolff, R.: Qualitätssicherung als Entwicklung und Förderung der Fachkräfte. In: HEZ – Heim und Erzieher Zeitschrift, Sonderausgabe 1998, S. 17 – 25

Ziesche, U.: Werkstatthandbuch zur Qualitätsentwicklung in Kindertagesstätten, Luchterhand, Berlin 1999

Autorenprofil

Yvonne Röhl | **Dipl.-Sozialpäd.**

Am Zügel 8
17034 Neubrandenburg

Tel.: 0395/7790315
0173/7879598
E-Mail: yvonne_roehl@web.de

meine persönlichen Daten

geboren am 27.07.1975 in Templin, ledig, deutsche Staatsangehörigkeit, ortsungebunden

meine wichtigsten Eigenschaften

Teamfähigkeit, Zuverlässigkeit, Einsatzbereitschaft, Flexibilität, analytische Fähigkeiten, Loyalität, Verantwortungsbewusstsein, Einfühlungsvermögen, Neugierde und Engagement, Kreativität

Angestrebter Aufgabenbereich

Arbeit an Forschungsprojekten im sozialwissenschaftlichen Bereich, Konzeptentwicklungen, Beratungen und Schulungen, Hilfen zur Erziehung

Schulbildung

Zeitabschnitt	Bildungsinstitut	Abschluss
09.1996 – 02.2003	Fachhochschule Neubrandenburg	Diplom im Fachbereich Sozialarbeit/ Sozialpädagogik
09.1995 – 07.1996	Berufsfachschule für das Gastgewerbe Lindau (Bodensee)	Abschlusszeugnis nach einem Jahr
09.1992 – 07.1995	Gesamtschule Lychen mit gymnasialer Oberstufe	Allgemeine Hochschulreife
09.1982 – 07.1992	POS uns später Gesamtschule Lychen	Realschulabschluss

Praktika

Zeitabschnitt	Einrichtung
10.1999 – 03.2000	DRK Kreisverband Neubrandenburg e. V. , Kinder- und Jugendhilfeverbund, Kinderheim „Anne Frank“
04.1999 – 09.1999	Landkreis Uckermark, Jugendamt im Regionalbereich Templin
02.1998 – 03.1998	Stephanus-Stiftung, Waldhof Templin, Förderschule für Geistigbehinderte

Berufserfahrungen

Zeitabschnitt	Arbeitgeber	Tätig als:
02.2003 - ?	Bildungszentrum Nordost, Bergen auf Rügen	Dipl.-Sozialpädagogin im Grundausbildungslehrgang mit benachteiligten Jugendlichen
09.1995 – 07.1996	Fam. Strodel, Gasthof „Adler“ in Lindau – Oberreitnau (Bodensee)	Küchenhilfe (Zubereitung von kalten Speisen), Zimmermädchen

Kenntnisse und Interessen

EDV	Umfassende PC-Kenntnisse, sicherer Umgang mit verschiedenen Anwenderprogrammen (Word, Excel, Access-Datenbanken, Power Point-Präsentation, Grafikprogramme, Internet)
Sprachen	Grundlagen Englisch, Französisch, Russisch
Führerschein	Klasse 3
Hobbys	Lesen, Sport, Musik, Garten, EDV, Basteln

Diplom.de

Wissensquellen gewinnbringend nutzen

Qualität, Praxisrelevanz und Aktualität zeichnen unsere Studien aus. Wir bieten Ihnen im Auftrag unserer Autorinnen und Autoren Wirtschaftsstudien und wissenschaftliche Abschlussarbeiten – Dissertationen, Diplomarbeiten, Magisterarbeiten, Staatsexamensarbeiten und Studienarbeiten zum Kauf. Sie wurden an deutschen Universitäten, Fachhochschulen, Akademien oder vergleichbaren Institutionen der Europäischen Union geschrieben. Der Notendurchschnitt liegt bei 1,5.

Wettbewerbsvorteile verschaffen – Vergleichen Sie den Preis unserer Studien mit den Honoraren externer Berater. Um dieses Wissen selbst zusammenzutragen, müssten Sie viel Zeit und Geld aufbringen.

http://www.diplom.de bietet Ihnen unser vollständiges Lieferprogramm mit mehreren tausend Studien im Internet. Neben dem Online-Katalog und der Online-Suchmaschine für Ihre Recherche steht Ihnen auch eine Online-Bestellfunktion zur Verfügung. Inhaltliche Zusammenfassungen und Inhaltsverzeichnisse zu jeder Studie sind im Internet einsehbar.

Individueller Service – Gerne senden wir Ihnen auch unseren Papierkatalog zu. Bitte fordern Sie Ihr individuelles Exemplar bei uns an. Für Fragen, Anregungen und individuelle Anfragen stehen wir Ihnen gerne zur Verfügung. Wir freuen uns auf eine gute Zusammenarbeit.

Ihr Team der Diplomarbeiten Agentur

Diplomica GmbH
Hermannstal 119k
22119 Hamburg

Fon: 040 / 655 99 20
Fax: 040 / 655 99 222

agentur@diplom.de
www.diplom.de

Printed in Poland
by Amazon Fulfillment
Poland Sp. z o.o., Wrocław

51402154R00079